Cuatro Pasos al Varón Perfecto

Una nueva perspectiva sobre la Carta de Pablo a los Efesios

Loren VanGalder

Spiritual Father Publications

CONTENIDOS

DEDICACIÓN

Este libro está dedicado a los pastores, iglesias y todos mis hermanos cristianos en Costa Rica. En enero de 2014 me invitaron a dar una serie de mensajes en la iglesia de Bajo Rodríguez, Alajuela, Costa Rica. En mayo de ese año nos mudamos a Costa Rica. Es un gran privilegio ser parte del Cuerpo de Jesucristo en este hermoso país. ¡Pura vida!

Gracias a mi hermano Amado Campos por su gran ayuda en la revisión de este manuscrito. ¡He aprendido mucho de usted!

Introducción

L legar a ser un varón perfecto: ¿Es posible? Sabemos que en esta vida la perfección no es posible. "Perfecto" es la traducción que la Reina Valera utiliza en Efesios 4:13 para describir el objetivo del ministerio de la iglesia. Una mejor traducción es "madurez". La triste realidad es que ni siquiera estamos cerca de alcanzar la madurez que Pablo describe en este pasaje.

Para comenzar este proceso, vamos a dedicar dos capítulos a la historia de la iglesia en Éfeso. El estudio de la historia es muy importante, aunque hoy en día hay poco interés y poco conocimiento. ¡Qué pena!, porque la iglesia ha caído en los mismos errores una y otra vez. Por desgracia, la iglesia en Éfeso cayó en pecado. Terminamos nuestro estudio con una advertencia dada a esta iglesia en Apocalipsis, al final del primer siglo.

Antes de llegar a los cuatro pasos, veremos su fundamento doctrinal en los primeros tres capítulos de Efesios. Si estás ansioso por comenzar con los cuatro pasos, por favor, con toda confianza, pasa al capítulo 9 de este estudio. Siempre puedes volver más tarde a la historia y a la base doctrinal. Lo que más me ha impresionado en este estudio es la progresión esencial en estos pasos. Creo que tú también verás que no es una casualidad que Pablo haya escrito la carta en este orden.

1. Integrarte a una iglesia sana (Efesios 4:1-16)
2. Caminar en santidad y el poder del Espíritu Santo (Efesios 4:17-5:21)

3. Ordenar tu matrimonio, familia y trabajo según el plan de Dios (Efesios 5:21-6:8)
4. Vencer en la guerra espiritual (Efesios 6:9-24)

¡Prepárate para la aventura de tu vida!

LA HISTORIA DE LA IGLESIA EN ÉFESO

1   El evangelio llega a Éfeso

Éfeso era una ciudad de comercio, próspera y muy importante en el imperio romano. Ubicada en lo que hoy es Turquía, era una de las ciudades principales de la provincia de Asia. El templo realizado en honor a la diosa Diana era una de las siete maravillas del mundo antiguo, y dominaba la ciudad. Aunque muchos judíos vivían allá, era una ciudad muy pagana.

La historia de esta iglesia comienza en Hechos 18:24-28:

Llegó entonces a Éfeso un judío llamado Apolos, natural de Alejandría, varón elocuente, poderoso en las Escrituras. Este había sido instruido en el camino del Señor; y siendo de espíritu fervoroso, hablaba y enseñaba diligentemente lo concerniente al Señor, aunque solamente conocía el bautismo de Juan. Y comenzó a hablar con denuedo en la sinagoga; pero cuando le oyeron Priscila y Aquila, le tomaron aparte y le expusieron más exactamente el camino de Dios. Y queriendo él pasar a Acaya, los hermanos le animaron, y escribieron a los discípulos que le recibiesen; y llegado él allá, fue de gran provecho a los que por la gracia habían creído; porque con gran vehemencia refutaba públicamente a los judíos, demostrando por las Escrituras que Jesús era el Cristo. (RVR)

El varón que el Señor usó para plantar esta iglesia

Casi siempre Dios utiliza a un hombre ungido para plantar una iglesia. En este caso fue Apolos. Nació en Alejandría, en Egipto, una de las ciudades más importantes del imperio romano. Aquí aprendemos que Apolos era:

- Judío
- Elocuente
- Poderoso en las Escrituras
- De espíritu fervoroso
- Capacitado – instruido en el camino del Señor

¡Qué combinación! Tiene un fundamento sólido en su fe judía y ha estudiado la Palabra de Dios. A veces, mucho estudio roba a alguien su fervor, pero Apolos era muy fervoroso. Esta es la primera vez que oímos hablar de él, pero no la última. Trabajaba con Pablo y tenía una parte importante en la iglesia de Corinto. El Señor lo envió a Éfeso, en lo que parece ser su primer viaje misionero. Fue a la sinagoga y comenzó a hablar con denuedo, enseñando diligentemente acerca de Jesucristo. ¡Qué bueno!

El peligro del conocimiento limitado

Pero había un pequeño problema: se puede ser poderoso en las Escrituras, fervoroso por las cosas de Dios, instruido en sus caminos — y aún ignorar cosas muy importantes en la vida cristiana. El hecho es que hay muchos que aman a Jesús, pero tienen un conocimiento limitado de la Biblia. En Apolos vemos cómo el Señor puede usar a esa persona poderosamente. No fue por culpa de Apolos; era un varón muy sincero. Tampoco es culpa de algunos ministros de hoy en día; la iglesia está creciendo muy rápido y muchos no tienen ni los fondos ni el tiempo para estudiar en un instituto bíblico. Pero es un gran problema, porque deja a la iglesia abierta a muchos errores. Yo he observado una gran falta de estudio concienzudo de la Biblia y el conocimiento de cómo interpretarla.

En este caso, Apolos solo conocía el bautismo de Juan: un bautismo de arrepentimiento. No era un bautismo de identificación con Jesucristo ni un bautismo en el Espíritu Santo. No sabemos por qué no conocía el bautismo cristiano. Posiblemente Apolos escuchó a Jesús y fue bautizado por Juan, pero se trasladó desde Jerusalén a Alejandría antes de Pentecostés.

Sé enseñable

Así que puede haber buenas excusas para carecer de conocimiento. El problema es la persona orgullosa que no es enseñable y no está abierta a recibir la verdad completa. Gracias a Dios, eso no fue el caso con Apolos. Dios puso a una pareja en su camino para explicarle mejor el evangelio. Le tomaron aparte y le expusieron más exactamente el camino de Dios. Parece que le invitaron a su hogar. Siempre es mejor hacerlo así. Si reprendes a alguien en presencia de la iglesia (o incluso ante otros hermanos), se pondrá muy defensivo. Necesitamos a gente como Priscila y Aquila hoy, con el conocimiento, la ternura y el denuedo para ayudar a los ministros más jóvenes. ¿Crees que Dios puede usarte a ti y a tu matrimonio para ministrar a alguien como Apolos?

Era común en aquel día enviar un evangelista a otras ciudades. Así fue como creció vertiginosamente la iglesia. Apolos quiso pasar a Acaya (Corinto) y los hermanos lo enviaron con gran entusiasmo. Si el Señor envía a alguien de tu iglesia para ministrar en otro lugar, anímale y prepárale el camino. Escribe un correo electrónico o una carta de recomendación.

Pon en práctica lo que aprendas

Apolos aprendió bien y ahora sabía cómo probar con las Escrituras la verdad sobre Jesús. Tenemos que estudiar y prepararnos para usar la Biblia, explicando el camino del Señor a la gente. Es la Palabra de Dios (no la tuya) la que tiene el poder de convencer y transformar. A veces, tenemos que refutar públicamente los errores de otras doctrinas y está bien hacerlo con vehemencia; pues Dios no necesita hombres temerosos, sino guerreros.

¡Qué bendición es recibir a alguien como Apolos! Ojalá tú también seas de gran ayuda para todos los que te reciban. ¿Crees que tienes un buen conocimiento de la doctrina, la Biblia y la historia de la iglesia? ¿Estás abierto a seguir aprendiendo más? ¿Crees que eres enseñable?

La iglesia en Éfeso está a punto de explotar. Apolos hizo su mejor esfuerzo, pero la llegada de Pablo fue la que realmente impulsó a la iglesia.

2 El ministerio de Pablo en Éfeso

Hechos 19:1-12

Apolos sentó las bases para la formación de la iglesia en Éfeso. Gracias a Dios por su buen trabajo; sin embargo, esos fundamentos carecían de varias cosas importantes. Por lo tanto, Dios manda a otro hombre para suplir aquello que faltaba.

Pablo llega a Éfeso

Mientras Apolos estaba en Corinto, Pablo recorrió las regiones del interior y llegó a Éfeso. Allí encontró a algunos discípulos (19:1, RVR).

Parece que Pablo todavía no conocía a Apolos ni sabía nada acerca de la iglesia en Éfeso. Al llegar a esa ciudad, halló a varios discípulos, frutos de la labor de Apolos, pero por alguna razón Pablo sabía que algo no estaba bien. Ya supimos que el bautismo de Apolos no era correcto, pero también había otro problema:

² —¿Recibieron ustedes el Espíritu Santo cuando creyeron? —les preguntó Pablo.

—No, ni siquiera hemos oído hablar del Espíritu Santo —respondieron.

³ —Entonces, ¿qué bautismo recibieron?

—El bautismo de Juan.

¿Creyentes sin el Espíritu Santo?

Posiblemente le fue revelado por el Espíritu, pero yo creo que Pablo observó algo que faltaba entre los hermanos: no vio el poder ni las manifestaciones del Espíritu. Él esperaba que hubieran recibido al Espíritu Santo al aceptar a Jesús, como lo vemos en la mayoría de los casos en Hechos: Alguien recibió a Jesús, fue bautizado en agua y a la misma vez, fue bautizado en el Espíritu y casi siempre hablaba en lenguas. Pero a veces no sucede así, como vemos ahora en Éfeso. Por ello, para Pablo era prioritario resolver este problema.

¿Y tú? ¿Recibiste el Espíritu cuando creíste en Jesús? Yo sé que hay controversia acerca del bautismo en el Espíritu. Algunos hermanos sinceros (pero tal vez sin mucha sabiduría) han hecho que algunos creyentes se sientan inferiores, que no tienen la misma experiencia del bautismo, o los hayan puesto a la defensiva. Pero la verdad es que no es posible edificar una iglesia sin el Espíritu, y Pablo sabe que el Espíritu es esencial para la vida cristiana, por lo que hará todo lo necesario para que lo reciban. Aquí hay un caso claro (y no es el único) de creyentes sinceros que no tenían el Espíritu. Es obvio que para algunos será una segunda experiencia después de haber aceptado a Jesús. ¿Estás abierto a lo que el Señor tiene para que recibas este poder esencial?

Aquí fue simplemente ignorancia: ni siquiera habían oído que había Espíritu Santo. Así es en algunas iglesias; casi no hablan del Espíritu. De hecho, así fue en la iglesia donde yo fui criado. Yo solía pensar en el Espíritu como un fantasma. Para algunos en ese entonces, y ahora también, simplemente hay falta de conocimiento sobre la tercera persona de la Trinidad.

La conexión del bautismo en agua y en el Espíritu

En la mente de Pablo, hay una conexión íntima entre el bautismo en agua y el bautismo en el Espíritu. Cuando él supo que no sabían nada acerca del Espíritu, su primer instinto fue: "Entonces hay algún problema con su bautismo. Si son bautizados, deben tener el Espíritu." Es posible ser bautizado en ignorancia y no recibir todo lo que el Señor tenga para ti. En el caso de aquellos cristianos, fueron bautizados solo en el bautismo de Juan, un bautismo de arrepentimiento.

4 Pablo les explicó: —El bautismo de Juan no era más que un bautismo de arrepentimiento. Él le decía al pueblo que creyera en el que venía después de él, es decir, en Jesús.

5 Al oír esto, fueron bautizados en el nombre del Señor Jesús.

Aquí vemos el apoyo bíblico para bautizarse por segunda vez. Si fuiste bautizado como un bebé o ignorante del evangelio, puedes ser bautizado otra vez.

¿En el nombre de Jesús solamente?

Hay una doctrina peligrosa que niega la Trinidad. Dicen que tenemos que bautizar en el nombre de Jesús solamente y ningún otro bautismo es válido. Pero Cristo nos mandó a bautizar en el nombre del Padre, del Hijo y del Espíritu Santo (Mateo 28:19). Y Hechos 8:15-16 dice:

Al llegar, los apóstoles oraron por ellos para que recibieran el Espíritu Santo, porque el Espíritu aún no había descendido sobre ninguno de ellos; **solamente habían sido bautizados en el nombre del Señor Jesús.**

Con el rápido crecimiento de la iglesia primitiva, se cometían errores en el bautismo y otra vez resultó en que los creyentes no recibieran al Espíritu. Como se menciona en este pasaje, ellos solo habían sido bautizados en el nombre de Jesús. Aparentemente ese bautismo era incompleto, porque el Espíritu no descendió sobre ellos.

Ahora, en Éfeso, son bautizados con un bautismo cristiano de identificación con Jesucristo.

Corregir el problema

⁶ Cuando Pablo les impuso las manos, el Espíritu Santo vino sobre ellos, y empezaron a hablar en lenguas y a profetizar.

Cuando seguimos el modelo del Nuevo Testamento debemos experimentar los mismos resultados:

1. Fueron bautizados en agua.

2. Pablo impuso las manos. Muchas veces cuando ministramos la llenura del Espíritu, imponemos las manos.

3. Vino el Espíritu Santo.

4. Hablaron en lenguas — y profetizaron. Casi siempre, cuando viene el Espíritu, hay una manifestación de la boca: con alabanzas, nuevas lenguas o, como en este caso, profecía.

¿Ha venido el Espíritu sobre ti? ¿Sobre tu iglesia? ¿Hay evidencia de ese bautismo? ¿Has sido bautizado en agua? ¿Hay alguien que conozcas que necesite la imposición de manos para recibir el Espíritu? ¿Estás dispuesto a que el Señor te use de esa manera?

El crecimiento de la iglesia

⁷ Eran en total unos doce hombres.

Esta era una iglesia pequeña, pero no menosprecies el día de principios pequeños. ¿Qué es impresionante acerca del número doce? Con doce discípulos Cristo transformó al mundo y de estos doce Dios levantó una iglesia grande y poderosa en Éfeso. Pues el número no es importante, sino la unción del Espíritu y la unión de esos hermanos. Quizá tu iglesia no sea muy grande, pero no te apures. Crecerá y el Señor hará grandes cosas para glorificar su nombre. Si no hay crecimiento, tal vez se debe examinar la iglesia a ver si el poder del Espíritu está presente.

8 Pablo entró en la sinagoga y habló allí con toda valentía durante tres meses. Discutía acerca del reino de Dios, tratando de convencerlos, 9 pero algunos se negaron obstinadamente a creer, y ante la congregación hablaban mal del Camino. Así que Pablo se alejó de ellos y formó un grupo aparte con los discípulos; y a diario debatía en la escuela de Tirano. 10 Esto continuó por espacio de dos años, de modo que todos los judíos y los griegos que vivían en la provincia de Asia llegaron a escuchar la palabra del Señor.

11 Dios hacía milagros extraordinarios por medio de Pablo, 12 a tal grado que a los enfermos les llevaban pañuelos y delantales que habían tocado el cuerpo de Pablo, y quedaban sanos de sus enfermedades, y los espíritus malignos salían de ellos.

Esto de verdad es muy impresionante y sirve como un ejemplo de cómo plantar una nueva iglesia o entrar en un campo nuevo. ¿Ocurre algo similar en tu iglesia?

1. **La predicación pública de Jesucristo**. Vamos primero a gente con algún conocimiento de la Palabra. Casi siempre hay algunos hambrientos de la verdad. Aquí Pablo comenzó en la sinagoga.

2. **Rechazo y persecución.** A pesar de la persecución, la obra no se paró. Simplemente fueron a una escuela para enseñar allí. A veces tenemos que separar a los hermanos de la gente que no acepta la verdad de la Palabra.

3. **Denuedo.** Pablo habló con denuedo.

4. **Perseverancia.** Cada día estuvieron allí — ¡alrededor de 2 años!

5. **Discutiendo y persuadiendo acerca del Reino de Dios.** ¿Hablas mucho acerca del Reino? Era un tema principal en la enseñanza de Jesucristo, sobre todo en el evangelio de Mateo. ¡Hoy escucho muchas veces más acerca del reino de los hombres que del Reino de Dios!

6. **Saturación.** Toda la provincia oyó la Palabra. ¿Cómo te va en tu ciudad o provincia?

7. **Señales y prodigios para confirmar la Palabra.** Así sucedió en el ministerio de Jesús y en todo el libro de Hechos. Dios hizo milagros extraordinarios por la mano de Pablo: enfermedades se iban y demonios salían.

¿Crees que Dios quiere hacer lo mismo hoy? ¿Por qué no? ¡Dios quiere glorificarse! ¿Crees que hay gente en tu comunidad sufriendo bajo la opresión del diablo? ¿Hay gente enferma? ¿Qué pasaría si de repente algunos de los peores pecadores en tu área fueran liberados de sus demonios y sus vidas fueran transformadas? ¿Cómo cambiaría tu iglesia si fuese conocida como un centro de sanidad para todos?

Prepárate Para los Pasos:
La Base Doctrinal
en Efesios 1–3

3   Escogido,   adoptado   y redimido — ¡Garantizado!

Efesios 1:1-14

¹Pablo, apóstol de Cristo Jesús por la voluntad de Dios, a los santos y fieles en Cristo Jesús que están en Éfeso:
² Que Dios nuestro Padre y el Señor Jesucristo les concedan gracia y paz.

¿Quién está presente en cada frase de estos primeros dos versículos? ¡Jesucristo!

- Jesús envía a sus siervos, los apóstoles, a establecer y supervisar iglesias, que ahora están presentes como el Cuerpo de Jesucristo en millones de lugares en todo el mundo. Estos apóstoles constituyen el fundamento de su iglesia y se les da su autoridad. Uno llega a ser un apóstol por la voluntad de Dios Todopoderoso, no por su propia voluntad o la decisión de otros hombres. Es muy serio afirmar que uno es un apóstol.

- El cristiano es "fiel" y "santo". No un santo como los santos de la Iglesia Católica, sino en el sentido de que cada creyente está separado del mundo para vivir en santidad. Dios nos santifica por medio de su Espíritu. Luego es nuestra responsabilidad permanecer en esa santidad y ser fieles a nuestro Salvador. ¡Si permanecemos en pecado, estamos crucificando a Jesús de nuevo! (Hebreos 6:4-6) Permanecemos *en* Cristo Jesús, como Él lo describió en Juan 15. Primero estamos *en* Jesús; luego Él nos coloca en una comunidad para ser parte de su Cuerpo en ese lugar.

- o Dios trabaja con un pueblo, con el grupo de creyentes. Es cierto que la decisión de aceptar a Cristo es individual, pero luego nos coloca en un Cuerpo.

- o ¿Cómo es tu experiencia actual en su Cuerpo?

- o ¿Cómo está tu santidad? ¿Diría tu familia que eres un santo?

- o ¿Cómo está tu fidelidad? No eres perfecto, pero ¿eres fiel a Jesús?

- Ese Cuerpo, esa rama, recibe su sustento de su cabeza, la vid: Jesucristo. Recibe todo lo que necesita del Padre y del Hijo. Juntos, ellos ministran gracia y paz a su iglesia. Lo experimentamos individualmente, pero en la vid, como parte de su Cuerpo, experimentamos la plenitud de su gracia y paz. Es un regalo de Dios a la iglesia.

[3] *Alabado sea Dios, Padre de nuestro Señor Jesucristo, que nos ha bendecido en las regiones celestiales con toda bendición espiritual en Cristo.*

Toda bendición espiritual

No es un error. Así dice la Palabra de Dios: *Tú* ya tienes *toda* bendición espiritual en Cristo. No hay niveles en la iglesia, con algunos recibiendo más bendiciones que otros. Dios no está guardando algunas bendiciones para el futuro. Ya nos ha bendecido con toda bendición.

- Esas bendiciones están en las regiones celestiales. No se habla de cosas materiales. Dios no está interesado en esa casa nueva, ese carro deportivo o la última tecnología. Para experimentar estas bendiciones tenemos que separarnos de este mundo y morar con Cristo en las regiones celestiales. Nuestra mente tiene que estar en el cielo.

- Las bendiciones son espirituales.

- Están en Cristo. Experimentamos estas bendiciones en relación con Jesús: permaneciendo en él, pegado a él, siguiéndole, sirviéndole y viviendo en su presencia.

¡Alaba a Dios! ¡Se merece nuestras alabanzas! ¿Cómo es posible no alabarle cuando ha hecho tanto para nosotros? Dios no retiene nada de ti.

Escogidos

[4] *Dios nos escogió en él antes de la creación del mundo, para que seamos santos y sin mancha delante de él.*

Es difícil para muchos cristianos entender la doctrina de elección. Es difícil reconciliar nuestro libre albedrío (que la Biblia también enseña) con el hecho de que Dios te escogió. Pero ¿por qué te quejas? ¡Qué bendición es ser escogido por Dios! El problema es que entonces parece que Dios rechazó a los demás. Pero espérate un momento. Estudiemos cuidadosamente lo que dice este versículo. No dice que *me* escogió o *te* escogió, sino que *nos* escogió. La elección es de un pueblo. Lo que Dios decidió antes de la creación del mundo es que Él tendría un pueblo santo y sin mancha. Ya somos predestinados como el Cuerpo de Jesús para andar en santidad, libres de toda mancha del pecado. Ese es tu destino como creyente. No necesariamente significa que Dios escoja a algunos y rechace a otros.

Somos santos y sin mancha delante de Él. Todavía pecamos. No somos perfectos, pero Dios ve la justicia y la sangre de Jesús en nosotros. Y hay aún más en esta elección.

Hijos adoptados

En amor [5] nos predestinó para ser adoptados como hijos suyos por medio de Jesucristo, según el buen propósito de su voluntad, [6] para alabanza de su gloriosa gracia, que nos concedió en su Amado.

Una vez más, la predestinación no es individual, sino de un grupo: lo que Dios decidió desde el principio fue tener una gran familia de hijos e hijas adoptados. Si tú fuiste adoptado aquí en la tierra, ya sabes algo acerca de la adopción. Si has adoptado a un hijo (o una mascota), ya sabes el gran amor que uno puede tener por alguien adoptado. Huelga decir: es un privilegio increíble ser adoptado en la familia de Dios. Ese hecho debería ser suficiente para llenar nuestros corazones de gratitud y adoración por toda la vida.

Lamentablemente, no todos son hijos de Dios. En el sentido de que todos somos su creación, sí. Pero solo por medio de Jesucristo es posible ser parte de su familia. No por Muhammad ni por ningún otro camino. Solo Jesús. Cristo es el Amado de Dios, la Niña de sus ojos. El Padre quiere muchos hermanos para su Hijo Amado.

¿Qué significa para ti ser un hijo de Dios? ¡Debe transformar tu vida! Debe transformar el concepto de sí mismo. ¡Has sido adoptado por el Señor del universo!

Otro motivo de nuestro Dios en esta adopción es que todos se maravillarían de su increíble gracia de incluirnos (pecadores miserables) en su familia. Es pura gracia, un don. No te escogió porque eras mejor que otros, más guapo o más espiritual. No, es pura gracia; puro amor.

Si Dios ya nos predestinó a ser adoptados como sus hijos, me parece que no hay nada que impida ese proceso. Y una vez adoptados, él nunca nos echará fuera de su familia. En nuestra rebelión, puede ser posible rechazarlo y dejar nuestro hogar, pero hay mucha seguridad en esa adopción. Acércate a Papá Dios, Abba Padre, con mucha confianza. Intercede por otros hermanos en la familia de Dios con fe en lo que dice su Palabra. Es la voluntad de Dios (ellos son predestinados) que sean santos y sin mancha.

Redimidos

[7] En él tenemos la redención mediante su sangre, el perdón de nuestros pecados, conforme a las riquezas de la gracia [8] que Dios nos dio en abundancia con toda sabiduría y entendimiento.

[7] Dios es tan rico en gracia y bondad que compró nuestra libertad con la sangre de su Hijo y perdonó nuestros pecados.[8] Él desbordó su bondad sobre nosotros junto con toda la sabiduría y el entendimiento. (NTV)

Aquí está otra vez: la gracia de Dios. Dios sabe exactamente lo que está haciendo. Lo hace con toda sabiduría y entendimiento. No tiene prisa y no se arrepiente de su decisión. Es algo que ya nos ha dado y no solamente nos dio, sino que nos ha dado en abundancia. Desbordó su bondad.

Hay dos cosas muy importantes que Dios ha hecho por ti:

- Te redimió. Dios te liberó de tu pecado, como uno paga el precio para liberar a un esclavo. Estabas perdido. Nunca podrías obtener el dinero necesario para comprar

---

tu libertad. Serías un esclavo de por vida, pero Dios te rescató.

- Perdonó tus pecados. No hay nada que tú puedas hacer para merecer ese perdón. No puedes balancear todas tus iniquidades con algunas buenas obras. El castigo merecido por tu pecado es la muerte. Pero Dios es muy sabio. Él nos entiende y sabe que Él recibirá una recompensa hermosa en una familia grande de los redimidos y perdonados: Él recibirá mucha gloria y alabanza.

Nunca tomes estos dones a la ligera. Fueron adquiridos a un precio muy alto: la sangre y la vida de Jesucristo. Él pagó el precio; te compró. Tú le debes tu vida, tu obediencia y tu adoración.

El propósito de Dios para toda historia

⁹ Él nos hizo conocer el misterio de su voluntad conforme al buen propósito que de antemano estableció en Cristo, ¹⁰ para llevarlo a cabo cuando se cumpliera el tiempo: reunir en él todas las cosas, tanto las del cielo como las de la tierra.

Era un misterio. Nadie podía adivinarlo. Un misterio en la Biblia no es como nuestras novelas de suspenso. Es algo que antes no sabíamos, pero nos lo revela el Espíritu.

Satanás quiere dividir, pero Dios quiere reunir. El diablo trae división, pero Cristo trae paz y unidad. El enemigo fomenta la rebelión y el individualismo, pero Jesús quiere establecer un reino de paz y gozo, donde todos se sometan a su señorío.

Actualmente no vemos esta unidad. Estamos esperando ahora el cumplimiento del tiempo: ese día cuando Cristo regrese a este mundo para vencer a todos sus enemigos y reinar aquí en la tierra. Ahora hay una gran división entre el cielo y la tierra, pero en ese momento estarán unidos bajo la autoridad de Cristo.

No podemos establecer su reino por nuestras esfuerzas. A pesar de mucha oración y duro trabajo, no vamos a ver todo unido en Jesús ahora, pero ese es nuestro deseo. Esa es la meta y vamos a hacer lo que podamos para llevar a todos a su reino y extender su señorío.

Herederos

¹¹ En Cristo también fuimos hechos herederos, pues fuimos predestinados según el plan de aquel que hace todas las cosas conforme al designio de su voluntad, ¹² a fin de que nosotros, que ya hemos puesto nuestra esperanza en Cristo, seamos para alabanza de su gloria.

Allí está otra vez: predestinados. Somos adoptados como hijos. Ahora, como miembros de su familia, también somos herederos. ¡Dios tiene un plan! Tú has elaborado planes o proyectos, pero no todos los has realizado. Dios cumple todos sus planes. Él tiene todo el poder y todos los recursos necesarios para hacer todo conforme a su voluntad. ¿Sabes cuál es el plan de Dios para la historia? ¿Para tu vida? ¿Para tu familia? ¡Él tiene un plan! Y cuando estés caminando dentro de ese plan, tendrás propósito y paz en tu vida. Si te resistes a su plan, estarás muy frustrado.

¿Es tu vida ahora para alabanza de la gloria de Dios? ¿Ven otros a Jesús en tu vida y glorifican a Dios por las maravillas de su gracia en ti? ¿Hay algo que debas cambiar?

¿Has puesto toda tu esperanza en Cristo? ¿O todavía tienes esperanza en tu dinero, tu educación, tus talentos, el gobierno u otra persona?

Una garantía

¹³ En él también ustedes, cuando oyeron el mensaje de la verdad, el evangelio que les trajo la salvación, y lo creyeron, fueron marcados con el sello que es el Espíritu Santo prometido. ¹⁴ Éste garantiza nuestra herencia hasta que llegue la redención final del pueblo adquirido por Dios, para alabanza de su gloria.

Ya Pablo nos ha transmitido mucha seguridad: adoptados como hijos, con una herencia y escogidos por Dios. ¡Ahora nos da una garantía! Sí, ¡hay garantías en la Biblia! La garantía aquí es el sello del Espíritu Santo. Tú eres marcado, como el ganado. Hay un sello espiritual sobre tu vida. Satanás y todos en el mundo espiritual saben que perteneces a Cristo. Es una garantía de tu herencia.

¿Cómo se recibe esta garantía? Hay que escuchar el evangelio, el mensaje de salvación por fe en Cristo. Cuando aceptas ese mensaje por fe, creyendo que es verdad, Dios te promete el Espíritu Santo.

Ya somos redimidos, pero aún esperamos nuestra redención final. En ese día, cuando Cristo establezca su reino aquí en la tierra, vamos a recibir nuestra herencia. Una vez más, lo hace para alabanza de su gloria. Dios anhela nuestra adoración, y de estos pocos versículos queda claro que la merece.

¡Qué inicio maravilloso de esta carta! Ya conocemos el plan de Dios para toda la historia. Ya podemos ver cómo Él llama y capacita a los miembros de su Cuerpo para avanzar su reino. ¿Has aceptado a Cristo? ¿Ya estás experimentando los beneficios de tu adopción como hijo de Dios? ¿Tienes el sello del Espíritu Santo sobre tu vida?

4   CRISTO LA CABEZA

EFESIOS 1:15-23

Pablo acaba de describir siete bendiciones garantizadas a cada cristiano por el depósito divino del Espíritu de Dios. Reflexionando sobre ellas, Pablo está conmovido a orar. Primero él da gracias por lo que ya tienen, pero luego le pide a Dios mucho más. Los dos enfoques son importantes: tenemos que reconocer todo lo que Dios ya ha hecho por nosotros y mantener una actitud de gratitud, pero siempre hay más que podemos experimentar.

La importancia de tu relación con Cristo y con otros creyentes

15 Por eso yo, por mi parte, desde que me enteré de la fe que tienen en el Señor Jesús y del amor que demuestran por todos los santos, 16 no he dejado de dar gracias por ustedes al recordarlos en mis oraciones.

¿Cómo respondes tú cuando te enteras de la obra de Dios en otros creyentes u otras iglesias? ¿Es tu reacción automática acercarte a Dios, dándole gracias por las cosas positivas e intercediendo por las necesidades que veas? Si hay una iglesia o unos hermanos que amas mucho, ¿ofreces oraciones continuas a su favor? ¿Los recuerdas en tus oraciones? ¿Cómo está tu vida de oración? Pablo nunca se cansaba de orar. No dejó de recordarlos. Es cierto que tenemos todas esas bendiciones, pero todavía tenemos que orar e interceder unos por otros.

De todo lo positivo en esta iglesia, hay dos cosas que más impresionan a Pablo:

- Su relación vertical con Dios. Tienen una fe sólida en Jesús. Con ese fundamento, Pablo puede compartir cosas más profundas con ellos.

- Su relación horizontal con otros hermanos. No solo *hablan* de amor, sino que *demuestran* ese amor. En griego es amor *ágape,* el amor incondicional de Dios. Y es sin prejuicios; es un amor para *todos* los santos. No hay acepción de personas con Dios.

Nota que Pablo no menciona su hermoso templo, ni las muchas actividades en la iglesia, ni la prosperidad de sus miembros, ni la gran banda de adoración. Esas cosas existen para edificar y alentar la *relación* que tenemos con Dios y con otros creyentes. Si el edificio y los programas tienen prioridad, pueden convertirse en ídolos. Para Pablo (y para Dios), la relación con otras personas tiene prioridad. Vamos a ver muchas enseñanzas acerca de la relación con Dios y con otros en esta carta.

Uno de los indicios más importantes de madurez es el estado de nuestras relaciones. ¿Cómo está tu fe en Cristo y tu relación con el Señor? Tener mucha fe no significa reclamar muchas bendiciones para nosotros mismos, sino caminar con fe en Jesús. ¿Cómo está tu amor por los santos? ¿Son meras palabras? ¿O hay demostraciones de verdadero amor cristiano?

Que conozcan mejor a Dios

[17] Pido que el Dios de nuestro Señor Jesucristo, el Padre glorioso, les dé el Espíritu de sabiduría y de revelación, para que lo conozcan mejor.

Es interesante que Pablo le pidió a Dios que les diera el Espíritu. Sabemos que fueron bautizados con el Espíritu, con muchas manifestaciones (Hechos 19), pero parece que aun después de ese bautismo es posible recibir más. ¡Pídele a Dios por más del Espíritu!

Hay varias facetas de la obra del Espíritu en nuestras vidas; aquí vemos tres de ellas:

1. Es un Espíritu de sabiduría. Es la fuente de la sabiduría que necesitamos para navegar este mundo complejo.

2. Es un Espíritu de revelación. El Espíritu se manifiesta en dones de profecía y palabra de ciencia que revelan el corazón de Dios y la revelación de Dios en la Biblia. Pero aquí yo creo que Pablo está pensando en la revelación del carácter de Dios en el corazón de cada creyente.

3. El Espíritu nos ayuda a conocer mejor a Dios. Nos guía a toda la verdad y abre los ojos de nuestros corazones. Si quieres conocer mejor a Dios, pídele más de su Espíritu y busca su plenitud en tu diario andar.

¿Es esto el clamor de tu corazón? ¿Es ésta tu primera petición a Dios para ti mismo y tus seres queridos? ¿Anhelas conocer mejor a Dios?

Los ojos del corazón iluminados

18 Pido también que les sean iluminados los ojos del corazón para que sepan a qué esperanza él los ha llamado, cuál es la riqueza de su gloriosa herencia entre los santos, 19 y cuán incomparable es la grandeza de su poder a favor de los que creemos.

Pablo ya comentó (verso 15) acerca de la fe de los efesios. Con los temas que él toca en esta carta, es obvio que ya llevaban bastante tiempo en Cristo. Sin duda, han oído hablar del cielo, la esperanza y el poder de Dios. Pero es posible pasar años en la iglesia y escuchar la Palabra de Dios todos los domingos y aún no comprender las profundidades de nuestra fe. Hay cosas que Dios tiene que revelarnos. Pablo intercede por iluminación en tres áreas que transformarán nuestra vida diaria.

1. La esperanza a la que Dios nos ha llamado. En 1 Corintios 13, Pablo dice que las tres cosas más importantes para el creyente son la fe, el amor y la esperanza. Ya ha hablado de cada una en esta carta. Nuestra esperanza es la vida eterna en el reino de Dios. Sabemos que hay mucho más que esta vida terrenal. El Espíritu nos revela algo de lo que nos espera. No es una doctrina seca, sino una esperanza gloriosa y segura que afecta toda la vida.

2. La riqueza de su gloriosa herencia entre nosotros los santos. Hay dos sentidos posibles para esa herencia:

    a. Nosotros, como la herencia que Dios tiene. En esta carta, Pablo le da a la iglesia una posición muy exaltada. Es muy posible que Dios nos vea como una rica herencia. Darse cuenta de eso eleva nuestra autoimagen. Nos maravillamos de que el Rey de gloria cuente con nosotros como su herencia. Muchos desean una herencia de dinero, un terreno o una casa. Todo el universo puede ser la herencia de Dios, pero Él nos ha escogido como su herencia. Entonces, ¿qué debemos buscar nosotros para nuestra herencia? ¿Tal vez esas personas que traemos a Jesús y discipulamos?

    b. La herencia que Dios nos da en su reino como sus hijos adoptivos. Ya Pablo lo mencionó en el verso 14. Es maravilloso contemplar las riquezas que nos esperan en el futuro. ¡Nos ayuda a soportar las tribulaciones de esta vida!

3. Cuán incomparable es la grandeza de su poder, que está a favor de los que creemos. Algunos dirían que esto implica que si crees más, si tienes más fe, luego recibirás más poder. Yo creo que cuando dice "de los que creemos" habla de cada cristiano. Pablo dijo en el verso 3 que ya tenemos toda bendición espiritual. Cada creyente tiene acceso al mismo poder. De mis observaciones de las oraciones y el estilo de vida de la mayoría de los cristianos, me parece que pocos conocen ese poder.

¿Sabes lo que es estar intercediendo por algo y que la gloria de Dios llene tanto tu corazón que tengas que alabarle? Parece que eso pasó con Pablo aquí. Él deja sus peticiones para exaltar a su Salvador.

¿Cuán grande es ese poder?

[19]*Ese poder es la fuerza grandiosa y eficaz*[20] *que Dios ejerció en Cristo cuando lo resucitó de entre los muertos y lo sentó a su derecha en las regiones celestiales,* [21] *muy por encima de todo gobierno y autoridad, poder y dominio, y de cualquier otro nombre que se invoque, no sólo en este mundo sino también en el venidero.*

No hay poder más grande que el poder de dar vida a un muerto. Es una fuerza grandiosa y eficaz. Y la manifestación de este poder en Cristo no se acabó con su resurrección. De verdad, apenas comenzó allí.

- El Padre sentó a Cristo a su derecha en las regiones celestiales. Es interesante que Pablo no diga "en el cielo". Ya habló en el verso 3 de nuestras bendiciones en "*las regiones celestiales*". Tendemos a pensar en el cielo como un lugar fijo, pero probablemente sea todo el mundo espiritual fuera de esta tierra material.

- Cristo está sentado a la derecha del Padre en una posición de gran autoridad. No se trata literalmente de un asiento a la diestra del Padre, sino de lo que entendemos como la posición más privilegiada posible.

- Cristo está muy por encima de todo gobierno y autoridad, poder y dominio: todo poder terrenal o celestial; de reyes, demonios o cualquier otra entidad.

- Cristo está por encima de todo nombre que se invoque, ya sea de Muhammad o de cualquier otro líder espiritual.

- Hay poderes en este mundo y otros en el mundo venidero. Cristo está por encima de todos.

¡Este Cristo es tu Salvador! ¡Tu Abogado! ¡Tu Redentor! ¡Tu Sumo Sacerdote! ¡Tu Hermano Mayor! ¡Tu Amigo! Cristo —y todo su poder— es por ti. Y tenemos acceso a este poder por medio de la oración.

Cristo la cabeza

22 Dios sometió todas las cosas al dominio de Cristo, y lo dio como cabeza de todo a la iglesia. 23 Ésta, que es su cuerpo, es la plenitud de aquel que lo llena todo por completo. (NVI)

Ya vimos en el versículo 10 que el plan de Dios es reunir todas las cosas en la tierra y en el cielo en Jesucristo. Ahora, Pablo va a terminar lo que comenzó como una oración (pero se convirtió en una doxología sobre la grandeza de Jesucristo) con una revelación profunda de la obra actual de Jesucristo. Hay seis puntos clave aquí:

1. Dios ya sometió todas las cosas al dominio de Cristo. No las veamos sometidas a Cristo, pero Jesús ya tiene esa autoridad y dominio. Eso nos da mucha fe en la oración para extender su dominio.

2. Cristo es la cabeza de todo.

3. En esa capacidad Él funciona especialmente para la edificación de su iglesia. Todo su poder, toda la autoridad ejercida por Jesús, es para el beneficio de la iglesia.

4. La iglesia *es* el cuerpo de Jesús. No como una metáfora, sino que en realidad *es* su cuerpo.

5. La iglesia es la plenitud de Cristo. No hay otra manifestación más importante de Cristo en el mundo de hoy. No puedes separar a Cristo de su iglesia. Quienes dicen que aman a Cristo y quieren seguirlo, pero no quieren nada con la iglesia, están engañados. Solo en la iglesia encuentras la plenitud de Cristo.

6. Cristo llena todo por completo. La Nueva Traducción Viviente dice: *Cristo da plenitud a todas las cosas en todas partes con su presencia.* Cristo mantiene en pie el universo: *En él vivimos, y nos movemos, y somos* (Hechos 17:28). ¡Hay que buscar la presencia y plenitud de Cristo en toda la vida!

Es lógico que, si la iglesia es tan importante para Dios, Satanás haga todo lo posible para destruirla y aislar a los creyentes del Cuerpo de Jesús.

Como dice esa linda alabanza de Danilo Montero:

El centro de todo eres Jesús
el centro de todo eres Jesús
desde el principio y hasta el fin

tú has sido y siempre serás Cristo

Cristo tu eres el centro
nada importa más que tu
todo el universo gira en pos de ti Jesús
de ti Jesús
el centro de todo eres tu

¿Es Cristo el centro de tu vida? ¿Tu familia? ¿Tu iglesia? ¿Es Cristo tu cabeza? ¿Está toda tu vida sometida a su dominio? ¿Estás experimentando su presencia como parte de su Cuerpo en una iglesia sana?

5   Dios cumple su plan: reconciliación con Dios

Efesios 2:1-10

El primer capítulo de esta carta nos da una visión gloriosa de nuestras bendiciones en Cristo Jesús. Hemos visto el gran poder de Dios disponible para nosotros y la posición exaltada de su iglesia, el Cuerpo de Cristo. Ahora Pablo vuelve atrás para recordarnos de quiénes éramos y cómo Dios nos ha transformado. Tenemos tantas riquezas como hijos adoptados de Dios que estamos tentados a vanagloriarnos o jactarnos. De hecho, muchas veces alguien que Dios rescató de una vida perdida en las drogas, el alcohol, el adulterio o cualquier otro pecado quiere olvidarse de su vida anterior. Por desgracia, puede convertirse en un fariseo, despreciando a aquellos que permanecen en esos pecados. Para mantenernos humildes, a veces es bueno recordar de dónde vinimos.

Estábamos todos muertos

Los primeros tres versículos de este capítulo describen la condición humana. Son un resumen breve de los primeros tres capítulos de Romanos.

¹Antes ustedes estaban muertos a causa de su desobediencia y sus muchos pecados. (NTV)

Y él os dio vida a vosotros, cuando estábais muertos en vuestros delitos y pecados. (RVR)

El hombre sin Cristo está muerto. No hay nada que el hombre pueda hacer para salvarse o ayudarse a sí mismo. Todos comenzamos allí. No importa el pecado. Todos somos pecadores. Todos estamos muertos. No importa la causa de muerte. Cada hombre muerto es igual:

- No tiene vida.
- No tiene esperanza.
- No tiene nada.

Los "muchos pecados" pueden ser una variedad de delitos contra Dios y contra otros, pero la raíz del pecado es nuestra rebelión y desobediencia. Por naturaleza queremos hacer las cosas a nuestra manera. Nos resistimos a la autoridad. Todos los días desobedecíamos lo que sabíamos que era lo recto.

Pero hay otra dinámica en juego que contribuye a nuestra muerte.

El príncipe de la potestad del aire

[2] Vivían en pecado, igual que el resto de la gente, obedeciendo al diablo —el líder de los poderes del mundo invisible —, quien es el espíritu que actúa en el corazón de los que se niegan a obedecer a Dios. (NTV)

En los cuales anduvisteis en otro tiempo, siguiendo la corriente de este mundo, conforme al príncipe de la potestad del aire, el espíritu que ahora opera en los hijos de desobediencia. (RVR)

Varias veces en estos versículos Pablo enfatiza la verdad de que todos éramos iguales. No hay nadie mejor que el otro. Ya fuera un político, un hombre de negocios o el criminal peor de la calle, todos obedecíamos al diablo. Todos teníamos un corazón corrupto. El pecado es pecado. Es más difícil para la persona respetable confesar que él es un pecador que necesita salvación que para el adicto que es más consciente de que necesita a un Salvador.

Todos vivíamos y andábamos en el mundo, y este sistema de valores corruptos contribuye a nuestro problema. Es parte de esa trinidad contra la que batallamos: la carne, el mundo y el diablo. El mundo de hoy en día es más corrupto que nunca. Los medios de comunicación, especialmente la televisión e Internet, tienen una influencia poderosa (casi completamente mala). Por desgracia, la mayoría de los cristianos pasan mucho más tiempo frente a esas pantallas que frente a sus Biblias y el rostro de Dios.

Hace muchos años, hubo un comediante llamado Flip Wilson que hizo popular el dicho "El diablo me hizo hacerlo". Es muy fácil culpar al diablo por nuestra rebeldía y pecado. Hay que asumir la responsabilidad de nuestras propias decisiones. Aunque muchos se burlan de los que siempre hablan del diablo, la verdad es que aquellos que no están bajo el señorío de Jesús están bajo el poder del maligno. Tenemos que recordar eso cuando nos relacionamos con compañeros de trabajo y familiares no salvos. Para saquear los bienes del enemigo, primero tenemos que atar al hombre fuerte (Mateo 12:29).

¿Qué enseña este versículo?

- El diablo es un espíritu. Hay un gran ejército de demonios en un mundo invisible y espiritual, y el diablo es su líder.

- Sin saberlo, gente sin Cristo obedece los deseos y pensamientos que el diablo siembra en sus corazones. Seguimos la corriente de este mundo. Pocas personas conscientemente quieren servir al diablo, pero Satanás es muy astuto y sabe muy bien cómo aparecer como un ángel de luz.

- El diablo *ejerce su poder en los que viven en la desobediencia* (NVI). No se supone que sean cristianos, pero el creyente que permanece en desobediencia a Dios abre su corazón al diablo otra vez y le permite establecer fortalezas en su vida.

La naturaleza pecaminosa

³ Todos vivíamos así en el pasado, siguiendo los deseos de nuestras pasiones y la inclinación de nuestra naturaleza pecaminosa. Por nuestra propia naturaleza, éramos objeto del enojo de Dios igual que todos los demás. (NTV)

Entre los cuales también todos nosotros vivimos en otro tiempo en los deseos de nuestra carne, haciendo la voluntad de la carne y de los pensamientos, y éramos por naturaleza hijos de ira, lo mismo que los demás. (RVR)

Ahora Pablo cambia el enfoque. Sí, es cierto que el diablo actúa en el corazón del rebelde, pero también hay dos influencias muy potentes en cada ser humano. Son dos lados de nuestra carne:

- Nuestras pasiones. *Los deseos de nuestra carne* (RVR). Somos *impulsados por nuestros deseos pecaminosos* (NVI). Todos nosotros sabemos lo que es vivir así. No hay nada nuevo ni nada extraño. La mayoría de la gente del mundo, sin pensarlo mucho, hace lo que le dé la gana hacer. Hay deseos y pasiones normales dados por Dios; el problema es cuando estamos dominados por esas pasiones. Dios nos ayuda a ejercer el autodominio.

- Nuestra naturaleza pecaminosa. El pecado, que entró en nuestra raza cuando Adán y Eva desobedecieron a Dios, ha sido una plaga a través de las generaciones. Nacimos con una naturaleza caída. La NVI dice: *siguiendo nuestra propia voluntad y nuestros propósitos.* El "yo" está en el centro del universo. Es *nuestra* voluntad lo que importa y *nuestros* propósitos que valoramos.

Toda la raza merece la pena de muerte. Aparte de la gracia y salvación de Dios, somos objetos de su ira. La situación de verdad está fea y parece que no hay salida o remedio.

El gran "pero"

[4] Pero Dios, que es rico en misericordia, por su gran amor por nosotros, [5] nos dio vida con Cristo, aun cuando estábamos muertos en pecados. ¡Por gracia ustedes han sido salvados!

Pero Dios es tan rico en misericordia y nos amó tanto que, a pesar de que estábamos muertos por causa de nuestros pecados, nos dio vida cuando levantó a Cristo de los muertos. (¡Es solo por la gracia de Dios que ustedes han sido salvados!) (NTV)

Un hombre muerto no puede hacer nada. Estaríamos perdidos y condenados a un castigo eterno sin la intervención de Dios. Todo cambió cuando Cristo murió en la cruz y el Padre lo levantó de los muertos. Dios tomó la iniciativa e hizo lo necesario para rescatarnos y salvarnos. ¿Por qué?

- Es rico en misericordia.
- Nos ama.
- Él nos dio vida al principio y quiere resucitar a todos sus hijos junto con Cristo.
- Es un Dios de gracia.
- Y (en el verso 7) es un Dios bondadoso.

Unidos a Cristo

[6] Y en unión con Cristo Jesús, Dios nos resucitó y nos hizo sentar con él en las regiones celestiales.

Pues nos levantó de los muertos junto con Cristo y nos sentó con él en los lugares celestiales, porque estamos unidos a Cristo Jesús. (NTV)

Aquí lo dice por primera vez y lo repite en el verso 7: *Estamos unidos a Cristo Jesús.* Eso es maravilloso. Él apenas describió nuestro pecado y rebelión, pero Dios llega al extremo y hace lo más radical posible por nosotros: ¡Compartimos toda la vida con Cristo!

- Nos levantó de los muertos *juntos, en unión* con Cristo.
- Nos sentó *con* Cristo en los lugares celestiales.
- Estamos *unidos* a Cristo.

¿Te das cuenta del gran privilegio de estar sentado con Cristo? ¿Qué implica estar unido a Cristo? No lo dice aquí, pero morimos con Cristo. Crucificamos la carne. Esta muerte se simboliza en el bautismo, junto con nuestra resurrección cuando salimos de las aguas. El bautismo es poderoso porque es un símbolo de esta unión con Cristo. Sería genial simplemente estar unido con Cristo en su nueva vida, pero también estamos sentados con Él en los tronos que Cristo comparte con nosotros en el cielo. Mucho más que la fe (los demonios también creen y tiemblan) y mucho más que una relación, ahora estamos en unión con Cristo.

Ejemplos de la gracia de Dios

[7] Para mostrar en los tiempos venideros la incomparable riqueza de su gracia, que por su bondad derramó sobre nosotros en Cristo Jesús.

De modo que, en los tiempos futuros, Dios puede ponernos como ejemplos de la increíble riqueza de la gracia y la bondad que nos tuvo, como se ve en todo lo que ha hecho por nosotros, que estamos unidos a Cristo Jesús. (NTV)

Ya lo vimos en el capítulo 1, versos 6 y 12: Dios se siente obligado a demostrar la increíble riqueza de su gracia y bondad a los principados y potestades y a los seres humanos que presten atención. En algún tiempo futuro Dios va a presentarnos como ejemplos de esa gracia. Si esto es tan importante para Dios, lógicamente Él hará todo lo posible para presentar un buen ejemplo. Él nos transformará en la imagen de Jesús. ¿Por qué en los tiempos futuros? Tal vez para darle la oportunidad de incluir a todos los posibles o para terminar la buena obra que comenzó en nosotros.

Salvos por gracia por medio de la fe

8 Dios los salvó por su gracia cuando creyeron. Ustedes no tienen ningún mérito en eso; es un regalo de Dios.9 La salvación no es un premio por las cosas buenas que hayamos hecho, así que ninguno de nosotros puede jactarse de ser salvo. (NTV)

Porque por gracia sois salvos por medio de la fe; y esto no de vosotros, pues es don de Dios; 9 no por obras, para que nadie se gloríe. (RVR)

Una vez más, Pablo quiere dejar muy claro que todas estas bendiciones no tienen nada que ver con nuestros méritos. El contraste entre nuestra condición anterior y nuestra nueva vida en Cristo es muy impresionante, y ¡todo es por la gracia de Dios! Dios lo prefiere así, porque nadie puede jactarse de ser salvo. Una vez más, todos somos iguales: muertos y condenados al infierno. Lo único que nosotros podemos hacer es creer cuando escuchamos el evangelio.

- Dios nos salvó por su gracia.
- Nadie tiene ningún mérito en esa salvación.
- Es un regalo de Dios.

- No es una recompensa por las cosas buenas que hayamos hecho, porque nadie tiene buenas obras suficientes para compensar nuestro pecado.

Creados para buenas obras

10 *Porque somos hechura suya, creados en Cristo Jesús para buenas obras, las cuales Dios preparó de antemano para que anduviésemos en ellas.* (RVR)

Pues somos la obra maestra de Dios. Él nos creó de nuevo en Cristo Jesús, a fin de que hagamos las cosas buenas que preparó para nosotros tiempo atrás. (NTV)

El primer propósito de Dios en nuestra salvación es presentar un buen testimonio que le traiga mucha alabanza. Ahora vemos el segundo propósito: Dios preparó buenas obras de antemano para nosotros. Él nos forma específicamente para hacer esas buenas obras. Somos hechura suya y Él sabe exactamente lo que está haciendo. Solo hace cosas de primera calidad. Tú y yo somos obras maestras de Dios, más impresionantes que las cosas más hermosas de la naturaleza. Somos hechos a imagen de Dios; con mucho cariño Él nos vuelve a formar de nuevo cuando aceptamos a Cristo. *Nos creó de nuevo en Cristo*; somos *creados en Cristo*.

Al principio de este capítulo, leímos que andábamos en delitos y pecados, pero Dios intervino: ¡Ahora andamos en buenas obras!

Para la reflexión:

- ¿Sabes cuáles son esas buenas obras que Dios preparó para ti? ¿Estás andando en ellas?

- ¿Eres salvo? ¿Has experimentado la gracia de Dios y, por fe, has aceptado el don de salvación?

- ¿Estás viviendo en unión con Cristo? Honestamente, ¿tienes alguna idea de lo que significa estar unido a Cristo?

- ¿Cuánta influencia tienen tu carne (con sus deseos y pasiones), el mundo y el diablo en tu vida diaria? ¿Cómo la compara con la influencia de la Palabra y el Espíritu de Dios?

6 Dios cumple su plan: reconciliación entre todos los creyentes

Efesios 2:11-22

Dios tiene un plan para toda la historia: Cristo en el centro del universo y todo unido en Él. Tú eres parte de ese plan si eres reconciliado con Dios y unido con Jesús. Tu nueva vida comienza con la salvación que Pablo describió en la primera parte de este capítulo. Cuando se restaura la relación con Dios, Él puede sanar nuestra relación con los demás y restaurar las relaciones en familias, iglesias y la sociedad.

En el primer siglo, esta reconciliación comenzó con la destrucción del muro de separación entre judíos y gentiles, un muro edificado por los mismos judíos. Ellos usaban el nombre gentil (con un sentido negativo) para todos los que no fuesen judíos. Pero Dios nunca quería este muro de separación. Desde el principio Dios deseaba usar a Israel como ejemplo para atraer a otros a su reino.

Igual que en otras situaciones, era el orgullo que perpetuaba la alienación. El orgullo de los judíos se centró en algo un poquito extraño: la circuncisión. Pablo conocía muy bien el orgullo que es la fuente del prejuicio y la persecución y siempre luchó para mantener ese muro derribado. Incluso entre los cristianos hay una tendencia pecaminosa y orgullosa de edificar muros. Pablo señala el orgullo de los judíos, pero los gentiles también tienen que guardarse del orgullo espiritual. Recordar de dónde vinimos debe mantenernos humildes.

No olvides cómo eras

[11] *No olviden que ustedes, los gentiles, antes estaban excluidos. Eran llamados «paganos incircuncisos» por los judíos, quienes estaban orgullosos de la circuncisión, aun cuando esa práctica solo afectaba su cuerpo, no su corazón.* (NTV)

El templo que conocían Jesús y Pablo tenía tres cortes en el nivel principal: para los sacerdotes, los hombres israelitas y las mujeres. Para llegar a la corte de los gentiles, era necesario descender 19 escalones, donde un muro los mantenía separados. Rótulos en el muro advertían que alguien que traspasara el muro sería ejecutado. Han encontrado dos de estos rótulos (en griego), uno en 1871 y otro en 1938. Los gentiles podían ver el templo, pero nunca podían entrar en él. Físicamente, eran excluidos.

La circuncisión era la marca que definía la separación. Aunque fue ordenada por Dios, era algo externo, como gran parte de la religión judía. La tentación, como se nota en la interacción de Jesús con los fariseos, era fijarse en las apariencias y descuidar el alma y el espíritu.

Los gentiles (la mayoría de nosotros) condenan esa hipocresía, pero tenemos que recordar que es solo por la gracia de Dios que somos incluidos en su reino. Y tenemos que guardarnos del antisemitismo: una plaga y un pecado que muchos cristianos han manifestado a través de los siglos. ¡Cuidado con el orgullo espiritual! Todos somos indignos y debemos humillarnos ante el gran amor de nuestro Dios.

Completamente perdidos

[12] *En esos tiempos, ustedes vivían apartados de Cristo. No se les permitía ser ciudadanos de Israel y no conocían las promesas del pacto que Dios había hecho con ellos. Ustedes vivían en este mundo sin Dios y sin esperanza.* (NTV)

Aunque el judío tuviera una religión externa, al menos era un ciudadano del pueblo escogido y tenía pactos con Dios, su palabra y sus promesas. Es parecido a muchos países latinos que eran católicos. Aunque para muchos era cultural, al menos había principios morales y conocimiento de los fundamentos de la fe cristiana. Al igual que Estados Unidos, era un país más o menos cristiano, con mucha influencia de la Biblia en sus leyes.

Estos paganos, o gentiles, no tenían conocimiento ninguno de Dios:

- Vivían separados de Cristo.
- No se les permitía ser ciudadanos de Israel.
- No conocían las promesas de Dios.
- No eran parte de los pactos que Dios hizo con Israel.
- Vivían en el mundo sin Dios.
- Vivían sin esperanza.

Es decir, estaban completamente perdidos. No tienes que ser un gentil o un pagano del primer siglo para sentirte excluido, separado y sin esperanza. Lamentablemente, hay mucha alienación y soledad incluso en el Cuerpo de Cristo. ¿Lo has experimentado? Dios quiere incluirte en su familia y darte una esperanza nueva.

La situación parecía imposible para los gentiles, pero otra vez hay un gran "pero" que completamente transformó sus vidas.

Unidos a Cristo

13 Pero ahora han sido unidos a Cristo Jesús. Antes estaban muy lejos de Dios, pero ahora fueron acercados por medio de la sangre de Cristo. (NTV)

¡Gloria a Dios! ¡Ya no estamos alejados de Dios, sino cerca!

El cambio comienza con la unión con Cristo, descrita en la primera parte del capítulo. No solo estamos cerca de Dios, sino que estamos unidos a Cristo. ¿Cómo puede ser? La sangre de Jesucristo nos redimió, nos justificó y perdonó nuestros pecados. Los judíos sacrificaban animales bajo el antiguo pacto, pero su sangre no podía unirlos con Dios. Nuestra unión no es intelectual, filosófica, política o militar. Es espiritual. Todo esfuerzo para fomentar la unidad tiene que empezar allí.

Cristo es nuestra paz

[14] *Pues Cristo mismo nos ha traído la paz. Él unió a judíos y a gentiles en un solo pueblo cuando, por medio de su cuerpo en la cruz, derribó el muro de hostilidad que nos separaba.* (NTV)

Porque él es nuestra paz, que de ambos pueblos hizo uno, derribando la pared intermedia de separación. (RVR)

Antes había un muro de hostilidad que nos separaba de Dios y de su pueblo escogido. El muro en el templo en Jerusalén todavía existía cuando Pablo escribió esta carta (se cayó cuando los romanos destruyeron el templo en el año 70). Ya fue derribado espiritualmente con la muerte de Jesús, pero a veces tenemos que esperar para ver la manifestación física de algo que ya ha sucedido en el espíritu. Se encuentra paz en una persona, en Jesús, ya sea paz entre judíos y gentiles, o paz dentro de una iglesia o paz en una familia. Cuando nos unimos a Cristo y nos centramos en Él, vamos a tener paz con los demás que disfrutan de la misma unión. Si esa paz nos evade, hay que examinar el estado de la relación con aquel que es nuestra paz.

Ya no hay judío, griego u otro grupo étnico en Cristo. Somos un solo cuerpo. No quiere decir que los que hablen algún idioma no se congreguen juntos o que nunca haya un lugar para las congregaciones mesiánicas, pero ten mucho cuidado de no edificar nuevos muros de separación.

La verdadera prueba de nuestro amor cristiano no es tanto dentro de la iglesia, sino con gente muy diferente de nosotros. Pablo pudo haber estado pensando en esta enseñanza de Jesús:

> »Han oído la ley que dice: "Ama a tu prójimo" y odia a tu enemigo. Pero yo digo: ¡ama a tus enemigos! ¡Ora por los que te persiguen! Si solo amas a quienes te aman, ¿qué recompensa hay por eso? Hasta los corruptos cobradores de impuestos hacen lo mismo. Si eres amable solo con tus amigos ¿en qué te diferencias de cualquier otro? Hasta los paganos hacen lo mismo (Mateo 5:43-47).

¿Qué lugar tiene la ley hoy?

[15] *Lo logró al poner fin al sistema de leyes de mandamientos y ordenanzas. Hizo la paz entre judíos y gentiles al crear de los dos grupos un nuevo pueblo en él.* (NTV)

Aboliendo en su carne las enemistades, la ley de los mandamientos expresados en ordenanzas, para crear en sí mismo de los dos un solo y nuevo hombre, haciendo la paz. (RVR)

Aquí está la respuesta a una pregunta común, especialmente entre los judíos mesiánicos y los adventistas: ¿Qué papel tiene la ley en la vida cristiana? Cristo puso fin al sistema de leyes, mandamientos y ordenanzas. Lo abolió en su carne cuando murió en la cruz. No se puede decir que las leyes del Antiguo Testamento no revelen algo de la voluntad de Dios para nosotros. Sin embargo, el sistema de leyes fue abolido; el sistema de sacrificios y ceremonias del antiguo pacto también. Esto se aplica al sistema antiguo de buscar la paz con Dios mediante la obediencia a la ley. Pablo ya dijo en la primera parte de este capítulo que no es por obras, sino por la fe y la gracia de Dios. Cristo abolió la condena de una ley que declaraba que la obediencia perfecta era necesaria para ser aceptado por Dios.

Otra vez, Pablo repite que Cristo hizo paz entre judíos y gentiles. Jesús creó algo completamente nuevo en sí mismo: un solo hombre o pueblo; una raza nueva. Pablo describe la unidad de este pueblo en otras escrituras:

> En esta nueva naturaleza no hay griego ni judío, circunciso ni incircunciso, culto ni inculto, esclavo ni libre, sino que Cristo es todo y está en todos (Colosenses 3:11).

> Ya no hay judío ni griego, esclavo ni libre, hombre ni mujer, sino que todos ustedes son uno solo en Cristo Jesús (Gálatas 3:28).

No quiere decir que esas distinciones ya no existan. Por ejemplo, otros pasajes claramente hablan de las funciones distintas del hombre y la mujer. Pero en Cristo todos somos iguales y somos uno.

La hostilidad destruida

[16] *Cristo reconcilió a ambos grupos con Dios en un solo cuerpo por medio de su muerte en la cruz y la hostilidad que había entre nosotros quedó destruida.* (NTV)

Y mediante la cruz reconciliar con Dios a ambos en un solo cuerpo, matando en ella las enemistades. (RVR)

¡La tercera vez! Cuando la Biblia repite algo tres veces, es muy importante. La enemistad y hostilidad en ese entonces eran entre judíos y gentiles, pero esto puede aplicarse hoy en día a cualquier grupo que confiesa a Cristo pero se mantiene separado, ya sea por orgullo o por cuestiones culturales. Estamos despreciando la obra de Cristo en la cruz si no buscamos la reconciliación entre todos los grupos que confiesan a Cristo. ¡Tenemos que hacer todo lo posible para ser un solo cuerpo! ¡Cuánto sufre Jesús por todas las divisiones en su iglesia!

Aun más importante que la hostilidad entre los grupos étnicos, también hubo (y aún existe para los inconversos) la enemistad entre todos nosotros y Dios.

¡Proclama estas Buenas Nuevas de paz!

17 Cristo les trajo la Buena Noticia de paz tanto a ustedes, los gentiles, que estaban lejos de él, como a los judíos, que estaban cerca. (NTV)

Es el mismo mensaje para todo el mundo: Jesucristo y la paz con Dios y con los demás por medio de Él. Este era el mensaje de Cristo y de los apóstoles. ¡Nuestro mundo necesita este mensaje de paz! ¿Traes esas buenas nuevas a quienes están lejos de ti (en otras culturas o lugares) y a los que están cerca (tu familia, amistades y compañeros de trabajo)?

Acceso libre al Padre

18 Ahora todos podemos tener acceso al Padre por medio del mismo Espíritu Santo gracias a lo que Cristo hizo por nosotros. (NTV)

Antes, era muy difícil incluso para los judíos tener acceso a Dios, pero Cristo abrió el camino para que todos entraran directamente en la presencia del Padre. Todos tenemos el mismo acceso y todos tenemos el mismo Espíritu. No necesitas ningún sacerdote para hablar con Dios. ¿Estás aprovechando este gran privilegio?

Aquí vemos claramente la Trinidad: debido a la obra del *Hijo*, el *Espíritu Santo* mora en nosotros y nos ayuda a entrar en la presencia del *Padre*. El Espíritu nos enseña cómo orar, nos ayuda en nuestras debilidades y nos une.

Miembros de la familia de Dios

[19] *Así que ahora ustedes, los gentiles, ya no son unos desconocidos ni extranjeros. Son ciudadanos junto con todo el pueblo santo de Dios. Son miembros de la familia de Dios.* (NTV)

Pablo ya habló de nuestra adopción en el capítulo uno. Ahora, en resumen, afirma que los gentiles también son ciudadanos del reino de Dios y son hijos adoptivos de su familia. Somos una gran familia que se congrega en varias "casas" de adoración. Hay que hacer todo lo posible para mantener la unidad con otras "casas" que también forman parte del pueblo santo.

Antes de ser un ciudadano de algún país (lo cual también es importante), eres un ciudadano del cielo, del reino de Dios. Y antes de ser parte de tu familia terrenal (algo precioso para nosotros), eres un miembro de la familia de Dios. Por eso, en Cristo somos "hermanos" y "hermanas".

A veces te puedes sentir desconocido y extraño en tu propia cultura, en tu propio país y en tu propia familia. Es un sentido muy incómodo, pero es normal para el cristiano. De verdad, es más alarmante si te sientes muy cómodo en este mundo.

Somos la casa de Dios

[20] *Juntos constituimos su casa, la cual está edificada sobre el fundamento de los apóstoles y los profetas. Y la piedra principal es Cristo Jesús mismo.* (NTV)

Ya Pablo dijo en 1:23 que *somos* el cuerpo de Jesús. Ahora él introduce otra metáfora: una casa. Acaba de decir que nos congregamos en varias casas —pero tal vez mejor dicho varios cuartos en la misma casa—, porque todos los creyentes juntos son la casa de Jesús. El fundamento de esta casa es la enseñanza y obra de los apóstoles (en el Nuevo Testamento) y los profetas (del Antiguo y Nuevo Testamento). Puede incluir apóstoles y profetas de hoy, pero el fundamento no cambia: siempre es la enseñanza bíblica.

Otra vez, Cristo está en el centro de esta casa. Él es la piedra angular. Si una iglesia no tiene a Cristo en ese lugar principal o no sigue las enseñanzas de los apóstoles en el Nuevo Testamento, no es parte de la casa de Jesús. Siempre hay que tener mucho cuidado de que ningún hombre o doctrina sea la piedra angular. Lamentablemente, en la práctica, es muy común.

Vamos formando un templo santo

[21] *Estamos cuidadosamente unidos en él y vamos formando un templo santo para el Señor.* (NTV)

En [Cristo] todo el edificio, bien coordinado, va creciendo para ser un templo santo en el Señor. (RVR)

Ahora Pablo da un paso más en la descripción de la iglesia: somos un templo santo. ¡Qué imagen increíble! ¡Qué visión exaltada de la iglesia! Pero, ¿quién cuidadosamente nos une? ¿Crees que los creyentes de todo el mundo están creciendo para convertirse en este glorioso templo? ¿Quién diseña y supervisa su construcción? Los contratistas deben ser Jesús y el Espíritu Santo. De hecho, esto podría ser el proyecto más importante de toda la historia. Lee las instrucciones bíblicas detalladas para la construcción del tabernáculo y los templos. Esos edificios desaparecieron hace mucho tiempo, pero este es un templo duradero. Debe estar bien construido para sobrevivir a los ataques del diablo.

Pedro también describe esta casa:

> *Cristo es la piedra viva, rechazada por los seres humanos pero escogida y preciosa ante Dios. Al acercarse a él, también ustedes son como piedras vivas, con las cuales se está edificando una casa espiritual. De este modo llegan a ser un sacerdocio santo para ofrecer sacrificios espirituales que Dios acepta por medio de Jesucristo* (1 Pedro 2:4-5).

Por desgracia, el templo que veo construir es bastante feo. Me parece muy informal, con variedad de diseños. Cada grupo parece tener su propio plan, hacer lo suyo y prestar poca atención a lo que hacen los demás. En lugar de ayudar a los demás, intentan superarse unos a otros haciendo que su parte se vea más impresionante. Es difícil ver la mano del contratista, Jesucristo.

Este templo de Jesucristo debe ser una vitrina para el mundo de unidad y construcción excepcional. La gente debe ser atraída por su belleza abrumadora. Cristo mora en este templo sagrado. Debe ser digno de nuestro Salvador. Tengo que confesar que estoy perplejo: ¿por qué Él permite que se vea cómo es? Pero yo no soy Jesús; sólo tengo que hacer mi parte.

Recuerda que este es un templo espiritual. Nuestro enfoque debe estar allí. ¿Está este proyecto en la cima de nuestras agendas? ¿Se han reunido líderes cristianos para hablar acerca de este templo y la mejor manera de construirlo? ¿Aún creemos que esto es realidad? ¿O son estas meras palabras floridas que Pablo utiliza?

Tenemos que evitar poner demasiado énfasis en los edificios. No es pecado construir un templo hermoso para congregarnos, pero fácilmente puede convertirse en un ídolo, consumiendo mucha energía y dinero. Cristo nunca *mencionó* que se construyeran grandes casas o templos para su familia.

22 Por medio de él, ustedes, los gentiles, también llegan a formar parte de esa morada donde Dios vive mediante su Espíritu. (NTV)

La gloria Shekinah que moraba en el templo en Jerusalén ahora se manifiesta cuando la familia de Dios se congrega en unidad para adorarle. Dios mora en este templo. Su Espíritu llena el templo. Pero si ese templo no está limpio, si hay peleas en el templo, el Espíritu Santo no va a morar allí. Tal vez eso explica la ausencia del poder del Espíritu en muchas iglesias. Si este es un templo apropiado para Dios, tenemos que ser edificados juntos, con cada piedra viva en su lugar. Yo no veo ese énfasis en muchas iglesias. ¿Crees que tú estás siendo edificado junto con otros hermanos en tu iglesia para formar una morada para Dios? ¿Tienes un concepto de cuán radical es esta visión y realidad de una nueva comunidad en Cristo? Es el contexto de toda la obra que Cristo quiere hacer en nosotros.

7 Como Dios cumple su plan: La iglesia testifica a principados invisibles

Efesios 3:1-13

¹Cuando pienso en todo esto, yo, Pablo, prisionero de Cristo Jesús por el bien de ustedes, los gentiles... (NTV)

Por esta causa yo Pablo, prisionero de Cristo Jesús por vosotros los gentiles (RVR)

En dos capítulos cortos Pablo nos ha dado mucho en que pensar. Lo más importante es el plan de Dios para incluir a los gentiles en el Reino de los Cielos. Pablo luchó por ello hasta Jerusalén y una confrontación con Pedro mismo (ve Hechos 15 y Gálatas 2:11-13). Cuando escribió esta carta, Pablo estaba encarcelado a causa de esta misión a los gentiles. Los judíos estaban celosos y decididos a callarlo; querían matarlo (ve Hechos 21:27-36). Es posible que sin Pablo, Jesucristo hubiera permanecido tan solo como otro rabino o profeta dentro de una secta judía.

El ministerio de Pablo

² A propósito, doy por sentado que ustedes saben que Dios me encargó de manera especial extenderles su gracia a ustedes, los gentiles. ³ Tal como antes les escribí brevemente, Dios mismo me reveló su misterioso plan. ⁴ Cuando lean esto que les escribo, entenderán la percepción que tengo de este plan acerca de Cristo. ⁵ Dios no se lo reveló a las generaciones anteriores, pero ahora, por medio de su Espíritu, lo ha revelado a sus santos apóstoles y profetas. (NTV)

² si es que habéis oído de la administración de la gracia de Dios que me fue dada para con vosotros; ³ que por revelación me fue declarado el misterio, como antes lo he escrito brevemente, ⁴ leyendo lo cual podéis entender cuál sea mi conocimiento en el misterio de Cristo, ⁵ misterio que en otras generaciones no se dio a conocer a los hijos de los hombres, como ahora es revelado a sus santos apóstoles y profetas por el Espíritu: (RVR)

No sabemos cuándo Pablo los escribió brevemente acerca de esta gracia especial, pero está claro que su encuentro con Jesucristo y la revelación que recibió acerca de los gentiles fueron el fundamento de su vida y ministerio.

En el verso 2, Pablo dice algo que se puede aplicar a cualquier persona en un ministerio en otras culturas; a cualquier misionero. Dios le dio una gracia especial para establecer relaciones y plantar iglesias entre los gentiles. Todos sabían que Pablo era un fariseo, pero en obediencia a Dios, él dirigió su ministerio a otro grupo, y Dios le dio la gracia para comunicarse con ellos y ser aceptado por ellos. Es una gracia que Dios todavía le da a alguien llamado a ministrar en otra cultura o idioma. Era la responsabilidad de Pablo administrar esa gracia en beneficio de las iglesias y del Reino de Dios.

Una vez más, Pablo coloca a los apóstoles y profetas en un lugar especial: reciben revelación de Dios acerca de sus planes. No habrá más revelación a nivel del Nuevo Testamento ni del misterio revelado a Pablo, pero, por medio del Espíritu, Dios todavía quiere revelar sus planes a los apóstoles y profetas de la iglesia. Casi siempre, un ministerio comienza con una revelación del plan de Dios, tal vez para una ciudad o un grupo de personas.

El plan de Dios

⁶ Y el plan de Dios consiste en lo siguiente: tanto los judíos como los gentiles que creen la Buena Noticia gozan por igual de las riquezas heredadas por los hijos de Dios. Ambos pueblos forman parte del mismo cuerpo y ambos disfrutan de la promesa de las bendiciones porque pertenecen a Cristo Jesús. ⁷ Por la gracia y el gran poder de Dios, se me ha dado el privilegio de servirlo anunciando esta Buena Noticia. (NTV)

⁶ que los gentiles son coherederos y miembros del mismo cuerpo, y copartícipes de la promesa en Cristo Jesús por medio del evangelio, ⁷ del cual yo fui hecho ministro por el don de la gracia de Dios que me ha sido dado según la operación de su poder. (RVR)

Pablo repite lo que ya dijo en el capítulo 2, usando tres palabras para describir la posición de los gentiles:

- *Coherederos*: Cada creyente disfruta igualmente las riquezas heredadas por los hijos de Dios.

- *Miembros* del mismo cuerpo: No hay una iglesia judía y otra gentil. Para Dios, no hay una iglesia pentecostal y otra luterana. Todos somos miembros del mismo Cuerpo de Jesús.

- *Copartícipes*: Todos disfrutamos de las mismas bendiciones prometidas a nosotros en Cristo Jesús.

Este es el plan de Dios: establecer un cuerpo unido de todas las naciones, disfrutando de todos los privilegios y bendiciones de sus hijos adoptivos. Este plan fue revelado a Pablo por el Espíritu. Una revelación casi siempre está acompañada por una comisión: alguien es enviado para que la revelación se haga realidad. Pablo fue hecho ministro por el don de la gracia de Dios. Es bueno estudiar y prepararse para un ministerio, pero solo Dios puede hacerte un ministro, y cada ministro necesita este don de la gracia de Dios y la operación del poder de Dios en su vida. Me parece que hay muchos en el ministerio que nunca han recibido una revelación del plan de Dios para sus vidas. No son llamados. Dios nunca los hizo ministros, y no están ministrando ni en la gracia ni en el poder de Dios.

Tesoros inagotables

[8] Aunque soy el menos digno de todo el pueblo de Dios, por su gracia él me concedió el privilegio de contarles a los gentiles acerca de los tesoros inagotables que tienen a disposición por medio de Cristo. [9] Fui elegido para explicarles a todos el misterioso plan que Dios, el Creador de todas las cosas, mantuvo oculto desde el comienzo. (NTV)

[8] A mí, que soy menos que el más pequeño de todos los santos, me fue dada esta gracia de anunciar entre los gentiles el evangelio de las inescrutables riquezas de Cristo, [9] y de aclarar a todos cuál sea la dispensación del misterio escondido desde los siglos en Dios, que creó todas las cosas; (RVR)

Parece que Pablo todavía sentía vergüenza por su vida pasada. Nunca podía olvidar el rostro de Esteban cuando fue apedreado, el primer mártir cristiano (Hechos 8 y 9:1). Pablo se considera a sí mismo el más pequeño, el menos digno, de todo el pueblo de Dios. Es por eso que el privilegio de anunciar las Buenas Nuevas a los gentiles era tan precioso para Pablo.

Como muchos que están llamados a un ministerio diferente, Pablo no solo ministraba a los gentiles, sino que también tenía que aclarar esta nueva revelación a otros, sobre todo a los judíos. Esa era la parte más difícil de su llamado.

Él añade que este Dios es el Creador de todas las cosas. Por supuesto, Dios tiene el derecho de crear un nuevo hombre, un pueblo nuevo en Cristo, que incluye a los gentiles. Esta nueva creación disfruta de riquezas infinitas:

- Resurrección de la muerte y perdón del pecado.
- Tronos, donde están sentados con Cristo en victoria.
- Reconciliación con Dios.
- Participación en una comunidad nueva.
- El fin de hostilidad y una nueva paz.
- Acceso al Padre por medio del Hijo y del Espíritu.
- Todas las riquezas del Padre que vamos a heredar.

¿Conoces algunos de estos tesoros inagotables? ¿Estás disfrutando de las riquezas inescrutables de Cristo?

Testigos a gobernantes invisibles

[10] El propósito de Dios con todo esto fue utilizar a la iglesia para mostrar la amplia variedad de su sabiduría a todos los gobernantes y autoridades invisibles que están en los lugares celestiales. [11] Ese era su plan eterno, que él llevó a cabo por medio de Cristo Jesús nuestro Señor. (NTV)

[10] para que la multiforme sabiduría de Dios sea ahora dada a conocer por medio de la iglesia a los principados y potestades en los lugares celestiales, [11] conforme al propósito eterno que hizo en Cristo Jesús nuestro Señor, (RVR)

El plan de Dios para la iglesia va mucho más allá de:

- Cultos gloriosos con alabanzas ungidas por el Espíritu.
- Compañerismo cariñoso.
- Buena enseñanza de cómo experimentar las bendiciones de Dios.
- Programas en Internet, televisión y radio.

- Templos hermosos.

Sí, Dios quiere que la iglesia sea un ejemplo para todo el mundo de su poder y amor. Él quiere sanar, salvar e impactar a toda la sociedad con los valores de su Reino. Pero su plan para la iglesia va mucho más allá de este mundo. Alcanza hasta los lugares celestiales. Hay principados, gobernantes, autoridades y potestades invisibles que aún no saben cuán grandes son la sabiduría y el poder de Dios. Y sí, (yo sé que parece increíble), Él ha escogido a nosotros (su iglesia) para mostrarles su carácter y sabiduría. Este nuevo pueblo, que incluye todas las razas, culturas y clases, es único. El amor y la unidad que demostramos, a pesar de todas nuestras diferencias, son un testimonio poderoso del milagro de Dios en nosotros.

Dios no usa a los ángeles para evangelizar al mundo, sino a nosotros. Estamos llamados a testificar a nuestras familias, compañeros de trabajo y a todo el mundo acerca de quién es Dios y lo que Él ha hecho por nosotros. No creo que lo hagamos muy bien. Pero también estamos llamados a evangelizar a gobernantes que aún no podemos ver. Este es un gran privilegio, y responsabilidad. Pocos son conscientes de esa responsabilidad. Aparentemente, esos gobernantes nos están observando para ver si Dios realmente puede transformar una vida. Quieren saber si son meras palabras y si la iglesia va a fracasar, como fracasó Israel.

- ¿Es posible que, basándose en lo que han observado en la iglesia, estos principados tengan un concepto equivocado de Dios?
- ¿Cómo podemos deshonrar así al que entregó su vida por nosotros?
- Como buenos hijos que aman a nuestro Padre, ¿no tenemos que hacer todo lo posible para cumplir con este

llamado y mostrarles un buen ejemplo del amor, la gracia, la bondad y el poder de nuestro Dios?

- ¿Quieres que los principados celestiales se burlen de Jesucristo porque parece que Él murió en vano?

Libre acceso a la presencia de Dios

[12] Gracias a Cristo y a nuestra fe en él, podemos entrar en la presencia de Dios con toda libertad y confianza.[13] Por eso les ruego que no se desanimen a causa de mis pruebas en este lugar. Mi sufrimiento es por ustedes, así que deberían sentirse honrados. (NTV)

[12] en quien tenemos seguridad y acceso con confianza por medio de la fe en él; [13] por lo cual pido que no desmayéis a causa de mis tribulaciones por vosotros, las cuales son vuestra gloria. (RVR)

A simple vista, puede parecer que Pablo no era un buen testigo para esos principados. Debido a su obediencia a su llamado, está encarcelado, sufre y está atribulado. ¡Él podría tener una vida muy cómoda como fariseo! Pero el testimonio es: Dios nos ayuda en la prueba y nos consuela en la tribulación. Esos gobernantes deben observar que hay un poder sobrenatural que opera en Pablo, lo cual le permite continuar ministrando y regocijándose a pesar de la persecución.

Pablo señala uno de los privilegios más impresionantes del cristiano: por medio de tu fe en Jesús y su palabra, puedes entrar libremente en la presencia de Dios con toda confianza y libertad. Es algo que no se ve. Es por la fe. Puede ser que tú no sientas nada, pero a pesar de los ataques del diablo, tenemos seguridad en Cristo. ¡Podemos morar con Cristo en lugares celestiales! Todos los días, Pablo se aprovechaba de ese privilegio.

La iglesia es el plan de Dios

Pablo ha revelado el enfoque del plan de Dios: un Cuerpo de Cristo unido. Ese es el misterio que los judíos resistieron con tanta fuerza. Dios no tiene dos planes paralelos: uno para Israel y otro para los creyentes en el Mesías judío. No hay dos pactos vigentes. Los pactos del Antiguo Testamento han dado un paso gigante hacia adelante en el Nuevo Pacto en Jesucristo. Éste no es el que algunos llaman una "Teología de Reemplazo". Es una teología de cumplimiento: una expansión enorme de la obra salvadora de Dios. Ahora, el plan de Dios no se centra en una familia, en un pequeño país en el Medio Oriente. El rey davídico que fue prometido ha llegado, y su nombre es Jesús. Él no reina en un palacio en Jerusalén, sino en la sala del trono celestial de Dios Todopoderoso, a la diestra de su Padre. No se ofrecen más sacrificios en un templo en Jerusalén; su sacrificio en la cruz fue el último, perfecto sacrificio. Los creyentes reunidos en su nombre son templos del Dios vivo, no solo en Monte Sión, sino en millones de lugares en todo el mundo. El cuerpo de Jesucristo cumple la obra del Padre en todas las naciones de la tierra: predicando y demostrando el Reino, sanando y perfeccionándose en santidad. Y acabamos de ver que este plan va más allá de la tierra; va a la infinidad de los reinos celestiales.

Todo comenzó con la llamada de un hombre: Abraham. A través de los siglos, Dios reveló su plan aun más, terminando en la vida y enseñanzas de su Hijo. Hay un solo fluir de la obra de Dios. Se está moviendo hacia la plena manifestación del Reino de Dios, con Jesús como Rey. La iglesia está en el centro del plan de Dios y debe ser muy importante en nuestras vidas también.

8   SUBIR A LA CIMA

EFESIOS 3:14-21

Aquí llegamos al final del capítulo 3, y al final de la base doctrinal de los cuatro pasos que vamos a estudiar en Efesios capítulos 4 a 6. Es esencial comprender estos primeros capítulos para comenzar esos pasos. Aquí está la cumbre de la carta, el corazón de la vida cristiana y uno de los pasajes más ricos de la Biblia.

Puede costar años completar los cuatro largos pasos de los capítulos 4 a 6. Ellos exigen una gran participación de nuestra parte. A diferencia de ello, este capítulo es una obra soberana de Dios. Sin esta experiencia será imposible realizar los pasos. Por esa razón, antes de comenzarlos, Pablo tiene que doblar sus rodillas. Él sabe que está en tierra santa. Sabe que solo mediante una obra sobrenatural se puede comprender esta revelación. Los propósitos de Dios que Pablo divulgó en los primeros capítulos forman la base de sus peticiones. Cuando tú ores por tu familia, iglesia o comunidad, primero busca a Dios para su propósito en la situación y luego intercede por ellos basándote en ese propósito.

En estos versículos, casi como Moisés, vamos a subir una montaña para entrar en comunión íntima con Dios. Acerquémonos al trono de Dios con reverencia y humildad, con corazones abiertos para recibir esta gran bendición.

Padre nuestro...

14 Por esta causa doblo mis rodillas ante el Padre de nuestro Señor Jesucristo, 15de quien toma nombre toda familia en los cielos y en la tierra, (RVR)

¿Cómo te llamas? ¿Quién eres? En la Biblia, un nombre es muy importante: comunica el carácter y la esencia de la persona. Cuando naciste, tu padre te dio su nombre. Adán tuvo el privilegio de nombrar a los animales y tú tienes el privilegio de nombrar a tus hijos. Aquí, Pablo dice que ahora tú tienes un nombre nuevo; naciste de nuevo en una familia nueva. Como hijo adoptivo, recibes el nombre de tu Padre, con todos los privilegios que ese nombre trae.

Al principio, el lenguaje parece un poco confuso: ¿En qué familias está pensando Pablo? ¿Quiere decir que incluso algunas familias paganas toman su nombre de Dios? ¿Y qué familias hay en los cielos? El contexto aclara la confusión: Pablo acaba de hablar de la unidad de judíos y gentiles en una sola familia. Está hablando de la iglesia, la familia de creyentes, judíos y gentiles, aquí en la tierra, y de la iglesia triunfante en el cielo, aquellos que ya han muerto en Cristo. De hecho, la mejor traducción del griego para "patria" (toda familia) es insertar "la": toda la familia de Dios. Tu membresía en esa familia proporciona dos claves para experimentar todo lo que Dios ha planeado para ti.

- La importancia de la relación, de la familia y de la conexión con tu Padre y tus hermanos. Ésta es la intimidad del hogar.

- Tu inclusión en una gran iglesia universal de todas las edades y de todas las naciones. Ésta es una visión inmensa. Tú eres parte de algo muy grande.

La primera petición

¹⁶ *Pido en oración que, de sus gloriosos e inagotables recursos, los fortalezca con poder en el ser interior por medio de su Espíritu.* (NTV)

para que os dé, conforme a las riquezas de su gloria, el ser fortalecidos con poder en el hombre interior por su Espíritu; (RVR)

Campamento base: Para ser fortalecido en el hombre interior

Antes de subir una montaña, tienes que fortalecerte, hacer ejercicios y alimentarte bien. Y así es también espiritualmente. El hombre de espíritu débil, el hombre vacío en su interior, no puede comprender ni experimentar lo que Dios quiere hacer.

- ¿Hasta qué medida está fortalecido? Conforme a las riquezas de su gloria. Sus recursos son gloriosos e inagotables. No es posible medir su gloria. No hay límite a lo que Él nos puede dar.

- ¿Con qué? Con poder. Necesitas poder, más que conocimiento o cosas materiales.

- ¿Dónde? En el hombre interior. Un hombre puede levantar pesas todos los días en el gimnasio y ser débil en el hombre interior. ¿Estás listo para los rigores de los cuatro pasos? Solo el hombre fortalecido en el interior puede soportar las pruebas, las tentaciones y las batallas de esos pasos.

- ¿Cómo? Por su Espíritu. Haz todo lo posible para facilitar el fluir y la plenitud del Espíritu en tu vida. Es bueno fortalecerte con los medios de gracia (la Biblia, la oración, el ayuno, la Santa Cena, el bautismo y nuestra participación en la iglesia), pero aquí Pablo está pidiendo que Dios te *dé* el ser fortalecido. Es un don.

¿Has experimentado ese poder? ¿Quieres experimentarlo? ¿Cómo está tu hombre interior? Para subir a esa comunión íntima con Dios, necesitas un hombre interior fortalecido. El enclenque no puede sobrevivir a los rigores de la subida.

Segunda petición

[17] *Entonces Cristo habitará en el corazón de ustedes a medida que confíen en él* (NTV)

para que habite Cristo por la fe en vuestros corazones, (RVR)

Comenzar la subida: Cristo habita en tu corazón

Dios nos fortalece. Eso prepara el corazón para ser una morada para Cristo. Por fe crees que Él vive en ti. Al subir la montaña, fortalecido en el hombre interior, crees que alcanzarás la cima.

Al comenzar la subida en la frescura de la mañana, te das cuenta de que no estás solo, sino en la gran compañía de muchos hermanos con el mismo destino. Eso, en sí, es estimulante. Pero, por desgracia, hay muchos en esta subida que están tan entusiasmados con el compañerismo y la experiencia que nunca se dan cuenta de que Dios mismo habita en su corazón. No tienen esa fe para depender de alguien que no pueden ver. Pueden pasar toda su vida en las actividades de la iglesia (como un club social santificado) sin conocer una relación con el Cristo vivo. Por eso, Pablo hace esta petición rara. Se supone que Cristo habita en el corazón de cada creyente, pero Pablo sabe que no es así.

¿Dirías tú que estás experimentando la plenitud de Cristo habitando en tu corazón? Cuando Cristo habita allí, Él te llenará de su amor. Bañado en ese amor, puedes subir al siguiente nivel.

Tercera petición

¹⁷*Echarán raíces profundas en el amor de Dios y ellas los mantendrán fuertes.* (NTV)

a fin de que, arraigados y cimentados en amor, (RVR)

Fuerza en el calor del día: Arraigados y cimentados en amor

Ya has pasado varias horas (o meses, o años) subiendo. La frescura de la mañana ha dado paso a un sol fuerte y ardiente. La fuerza que tenías ya se ha ido. Estás cansado y dudas de la sabiduría de intentar una subida tan fuerte. Pablo sabe que, sin raíces profundas en el amor de Dios, no tendrás la fuerza para seguir adelante. Sin esas raíces, muchos se dan por vencidos. Deciden que no vale la pena y vuelven al campamento base. Allí se dedican a las actividades de la iglesia. Aún leen sus Biblias, oran y escuchan música cristiana. Pero nunca conocen el amor de Dios.

En cada instancia en estos versículos, Pablo usa la palabra griega "ágape": el amor incondicional de Dios. Dios derrama ese amor en tu corazón cuando aceptas a Jesús y lo experimentas en comunión con otros hermanos. Ser arraigado y cimentado en el amor es tener un estilo de vida de amor.

¿Tienes esas raíces? Sin amor, no eres nada. El amor es lo más importante. Este amor es como las raíces profundas de un gran árbol que le dan estabilidad y alimento. También es el fundamento sólido para una casa que puede soportar adversidad y tormentas.

Muchos están contentos con estas raíces. Para alguien que nunca ha conocido el amor verdadero, es una gran bendición. En este punto de la subida todavía hay pastos verdes, árboles y aguas de reposo. Muchos creen que aquí está la vida próspera y bendecida que Cristo nos prometió. Ya se puede ver que más arriba habrá viento y frío, y un camino mucho más difícil. Pablo sabe que solo una obra sobrenatural nos impulsará a seguir subiendo. Él sigue orando.

Cuarta petición

[18] *Espero que puedan comprender, como corresponde a todo el pueblo de Dios, cuán ancho, cuán largo, cuán alto y cuán profundo es su amor.* [19] *Es mi deseo que experimenten el amor de Cristo, aun cuando es demasiado grande para comprenderlo todo.* (NTV)

seáis plenamente capaces de comprender con todos los santos cuál sea la anchura, la longitud, la profundidad y la altura, y de conocer el amor de Cristo, que excede a todo conocimiento, (RVR)

Casi llegando: Conocer el amor de Cristo

Ahora tienes la plena comprensión y experiencia del amor de Dios. Aunque Pablo habla de la anchura, la longitud, la profundidad y la altura de ese amor, por supuesto, no puedes medirlo. Una vez más, es una obra soberana de Dios que ilumina nuestras mentes. Es lo suficientemente ancho para incluir a todos. Su longitud es infinita, abarca toda la vida y toda la eternidad. Su profundidad llega hasta el pecador más perverso y lo más profundo del desaliento, la desesperación e incluso la muerte. Y su altura exalta a Cristo al cielo y llena nuestros corazones de adoración.

Es *con todos los santos* que podemos comprender este amor. ¡Es muy difícil experimentar amor cuando estés solo! En la rica comunión de hermanos y hermanas en la iglesia, aprendemos más acerca del amor de Cristo.

Pablo dice que su amor excede todo conocimiento. Tenemos que experimentar y conocer el amor de Cristo; no es solo mental o intelectual. Pero en esta vida, nunca es posible experimentar plenamente su amor: ¡siempre habrá más! Me recuerda lo que debería suceder en un matrimonio: con más tiempo y conocimiento, su amor debería crecer. ¿Dirías que estás experimentando cada vez más el amor de Cristo? O, si eres honesto, ¿dirías que casi no experimentas su amor?

Ultima petición

Entonces serán completos con toda la plenitud de la vida y el poder que proviene de Dios. (NTV)

...para que seáis llenos de toda la plenitud de Dios. (RVR)

La cima de la vida cristiana: Llenos de toda la plenitud de Dios

¡Se puede llenar con toda la plenitud de Dios! ¿Estás lleno? ¿Has conocido a alguien lleno de su plenitud? Su plenitud fluye de su amor. Tú puedes tener mucho conocimiento de la Biblia y la teología, pero si no has conocido el amor de Cristo, será imposible llenarte con su plenitud.

El Espíritu Santo te llena con la vida y el poder de Dios, comenzando con el bautismo en el Espíritu, pero luego debes mantener la plenitud del Espíritu con manifestaciones de sus dones, con oración, con alabanzas y ministrando a otros. Siempre hay más. Dios es infinito.

¡Gloria a Dios!

[20] *Y ahora, que toda la gloria sea para Dios, quien puede lograr mucho más de lo que pudiéramos pedir o incluso imaginar mediante su gran poder, que actúa en nosotros.* [21] *¡Gloria a él en la iglesia y en Cristo Jesús por todas las generaciones desde hoy y para siempre! Amén.* (NTV)

Y a Aquel que es poderoso para hacer todas las cosas mucho más abundantemente de lo que pedimos o entendemos, según el poder que actúa en nosotros, a él sea gloria en la iglesia y en Cristo Jesús por todas las edades, por los siglos de los siglos. Amén. (RVR)

Aquí, en la cima, casi estamos en el cielo. ¡Tenemos que alabar a Dios! Esta doxología termina esta primera parte de Efesios.

Ahora Dios está libre para actuar en tu vida. Él quiere hacerlo para su gloria. Ahora Dios te asombrará con todas las maravillas que hará por ti. Son mucho más allá de la prosperidad promovida en la televisión y en muchas iglesias. Mucho más allá de peticiones por un auto nuevo, una casa o riqueza. Hay aquí un gran impulso para orar con mucho denuedo y fe. Él puede hacer las cosas mucho más abundantemente de lo que pedimos o entendemos. ¡Ni siquiera puedes imaginar las grandes cosas que Dios puede hacer!

Nos gustaría quedarnos siempre aquí, en la cima de la montaña con Dios. De hecho, tenemos que mantener esta perspectiva y vivir fortalecidos en el hombre interior, cimentados en el amor de Dios y llenos del Espíritu. Pero, lamentablemente, todavía estás aquí, en esta tierra. Todavía tienes trabajo, familia, tentaciones y una batalla con el diablo. Tienes que bajar y comenzar el arduo trabajo de los cuatro pasos hacia el varón perfecto, pero ¡mantén esta intimidad con Dios!

La primera parte de Efesios contiene mucha teoría y teología: la inclusión de los gentiles en el pueblo de Dios, la gracia de Dios en nuestra salvación, uniendo todas las cosas en Cristo, y la iglesia testificando a los principados y potestades de la gran sabiduría de Dios. Son cosas muy impresionantes, pero puede parecer que no tienen mucho que ver con la vida diaria. Vamos a entrar en cuatro pasos muy prácticos que impactan tu vida ahora mismo, pero primero tenemos que lidiar con esta cuestión de amor y la plenitud de Dios.

La triste realidad es que pocos dirían que tienen un concepto tan grande del amor de Dios. No conocen tal amor. No han subido esta montaña. No están llenos de toda la plenitud de Dios. De vez en cuando, pueden sentir algo como el amor en sus corazones. Pero, ¿están bañados en el amor de Cristo? ¿Tienen toda su vida motivada por ese amor? Son pocos los que tienen esa experiencia. Si es tuya, eres muy bendecido. Si no lo es, vamos a orar juntos cada día con esta oración de Pablo. Sabemos que es la voluntad de Dios porque está en la Biblia. Basta ya con la pobreza espiritual. Basta ya con toda la prosperidad material. Ya es hora de la prosperidad espiritual. Es hora de conocer este gran amor de Dios y de estar llenos de su plenitud. Ya es hora de comenzar en los cuatro pasos y llegar a ser un varón perfecto. ¿Estás listo?

El Primer Paso:

Integrarte a una Iglesia Sana

9   EL PLAN DE DIOS PARA LA IGLESIA

EFESIOS 4:1-3

L a iglesia de Éfeso tuvo un comienzo muy impresionante. Posiblemente era la más exitosa de las iglesias que Pablo plantó. Él tenía un ministerio muy ungido en esta ciudad, con muchas manifestaciones del Espíritu. Aunque Pablo sabía que los efesios ya tenían fundamentos firmes, también sabía que había más. El anhelo de su corazón era que los efesios llegaran a ser varones perfectos, por lo que varios años después escribió esta carta para ayudarlos a alcanzar la madurez. Hay algo que sobresale en los primeros tres capítulos de Efesios: el énfasis en la iglesia como el cuerpo de Jesucristo. Ciertamente, Pablo tiene un concepto muy enaltecido de la iglesia y su parte en el plan de Dios. Por eso, el primero de los cuatro pasos esenciales para llegar a la madurez es ser parte de una iglesia funcionando conforme al plan de Dios.

El cuerpo de Jesús en los primeros tres capítulos de Efesios

Vale la pena revisar lo que ya hemos estudiado; lo que Pablo ya ha dicho acerca de la iglesia:

Dios ha puesto todo bajo la autoridad de Cristo, a quien hizo cabeza de todas las cosas para beneficio de la iglesia. (1:22, NTV)

Cristo tiene autoridad absoluta y suprema y es la cabeza incomparable de todo el universo. En el plan de Dios, toda esa autoridad es para el beneficio de la iglesia.

Y la iglesia es el cuerpo de Cristo; él la completa y la llena, y también es quien da plenitud a todas las cosas en todas partes con su presencia (la plenitud de Aquel que todo lo llena en todo). (1:23, NTV)

Aquí lo declara explícitamente: la iglesia *es* el cuerpo de Jesús. La iglesia manifiesta la plenitud de Cristo y Él la llena y la completa.

Hizo la paz entre judíos y gentiles al crear de los dos grupos un nuevo pueblo en él. Cristo reconcilió a ambos grupos con Dios en un solo cuerpo por medio de su muerte en la cruz y la hostilidad que había entre nosotros quedó destruida. (2:15-16, NTV)

Desde el principio, Dios ha querido un pueblo para sí mismo. Antes, había una división entre su pueblo elegido (los judíos) y los paganos (los gentiles), pero Cristo murió para traer paz, reconciliación y crear un solo pueblo. La hostilidad y las divisiones en la iglesia lastiman el corazón de Dios.

Así que ahora ustedes, los gentiles, ya no son unos desconocidos ni extranjeros. Son ciudadanos junto con todo el pueblo santo de Dios. Son miembros de la familia de Dios. Juntos constituimos su casa, la cual está edificada sobre el fundamento de los apóstoles y los profetas. Y la piedra principal es Cristo Jesús mismo. Estamos cuidadosamente unidos en él y vamos formando un templo santo para el Señor. Por medio de él, ustedes, los gentiles, también llegan a formar parte de esa morada donde Dios vive mediante su Espíritu. (2:19-22, NTV)

Pablo también compara la iglesia con una casa o un templo. Dios no mora en ningún edificio, sino en su cuerpo: los miembros de una iglesia local que son su familia. La obra de los apóstoles y los profetas forma el fundamento de este templo santo, donde Dios mora mediante su Espíritu, y Cristo es la piedra principal, la cabeza. Esta iglesia, entonces, es de suma importancia en el plan de Dios.

Y el plan de Dios consiste en lo siguiente: tanto los judíos como los gentiles que creen la Buena Noticia gozan por igual de las riquezas heredadas por los hijos de Dios. Ambos pueblos forman parte del mismo cuerpo y ambos disfrutan de la promesa de las bendiciones porque pertenecen a Cristo Jesús. (3:6, NTV)

Los que componen el cuerpo de Jesús (tanto judíos como gentiles) disfrutan de todas las riquezas y bendiciones de Dios. La iglesia es la cumbre del plan de Dios para este mundo.

El propósito de Dios con todo esto fue utilizar a la iglesia para mostrar la amplia variedad de su sabiduría a todos los gobernantes y autoridades invisibles que están en los lugares celestiales. Ése era su plan eterno, que él llevó a cabo por medio de Cristo Jesús nuestro Señor. (3:10-11, NTV)

El plan y propósito de Dios para toda la eternidad es mostrar quién es Él a todos los principados y potestades. ¿Cómo? ¡Por medio de la iglesia! ¿Qué testimonio ofrece la iglesia de hoy en los lugares celestiales? ¿No crees que Dios hará todo lo necesario para que la iglesia presente un buen testimonio?

¡Gloria a él en la iglesia y en Cristo Jesús por todas las generaciones desde hoy y para siempre! Amén. (3:21, NTV)

Sabemos que Cristo glorificó a su Padre y sigue glorificándolo, pero la iglesia también debe glorificar a Dios. ¿Crees que está glorificándolo?

Tu vocación

4:1Yo pues, preso en el Señor, os ruego que andéis como es digno de la vocación con que fuisteis llamados. (RVR)

Pablo ha descrito las riquezas del llamado de Dios al arrepentimiento y a una vida nueva. Reflexionando sobre los primeros tres capítulos, vemos que Dios ya ha hecho maravillas por nosotros. Pablo tiene un solo desafío: ser digno de ese llamado. Con un llamado muy alto, también hay más responsabilidad de comportarse de manera digna.

Cada creyente ha recibido un llamado a la salvación, pero también hay una vocación específica que Dios tiene para cada uno. ¿Cuál es la parte que Dios tiene para ti en su reino? ¿Quién eres? No es necesariamente tu circunstancia actual. Pablo escribió esta carta como prisionero. Algunos dirían: "Ya se acabó mi ministerio. Yo no puedo hacer nada aquí en la cárcel." Pero Pablo sabía que Dios le llamó a ser apóstol. La situación no importa; eso era su vocación. Aun como preso, Pablo seguía ministrando como apóstol, con cartas y visitas en la cárcel.

Aunque tú seas carpintero o jardinero, el Señor tiene una llamada para ti. En el mundo, una vocación importante puede estar en los negocios, la medicina o el gobierno. Pero Jesús dijo: si quieres ser grande en el reino de Dios, tienes que ser como un niño (Mateo 18:2-4). Tú puedes seguir trabajando en tu carrera, pero hay que entregarla al Señor. Puede convertirse en un ídolo si tiene prioridad sobre la vocación que Dios tiene para ti. Cualquier puesto que se desempeña en la congregación tiene un gran valor.

¡Tú eres muy importante en el Reino de Dios! ¡Dios te necesita! ¡La iglesia también te necesita! Anda con esa mente en tu trabajo y en tu hogar, con la cabeza bien alta, como un hijo del Rey. Anda digno de tu llamado. No es tu elección: Dios te llama. Él te conoce y sabe exactamente qué vocación sería perfecta para ti. Tú puedes aceptar o rechazar su llamado o luchar contra él, como hizo Moisés en la zarza ardiente. He conocido a muchos que huyen de él en su búsqueda de fama y riqueza y sufren mucho.

Descubrir tu llamado

¿Sabes cuál es tu llamado? Espera en el Señor, búscalo y escucha su voz. Dios va a usar todas las experiencias de tu vida para prepararte para esa vocación.

¿Cómo sabes tu llamado?

- ¿Qué te llama la atención en la Biblia? ¿Los milagros? ¿La enseñanza? ¿Los profetas?
- ¿Qué has hecho que Dios ha bendecido? ¿Cómo te ha usado en el pasado?
- ¿Qué han dicho otros acerca de ti, sobre todo los que te conocen muy bien? A veces, por ejemplo, tus familiares te dicen que serías un buen pastor.
- Tu pastor debe conocerte bien y tener un discernimiento espiritual para tu vida. Pregúntale dónde él cree que podrías servir en la iglesia.
- Dios puede hablarte en una palabra profética, en oración o en las Escrituras.
- ¿Cuál es el deseo de tu corazón?
  - ¿Sanar a otros?
  - ¿Amas la Palabra de Dios y tienes facilidad para enseñarla?
  - ¿Tienes una carga por la salvación de los inconversos?

Cómo andar digno de tu vocación

Para hacer la obra de Dios, es esencial andar digno de esa vocación. ¿Cómo se anda digno?

2 Con toda humildad y mansedumbre, soportándoos con paciencia los unos a los otros en amor, 3 solícitos en guardar la unidad del Espíritu en el vínculo de la paz. (RVR)

Con toda humildad. Sé siempre humilde y amable en tu servicio. Casi siempre, la causa de los problemas en la iglesia es el orgullo; la fuente de armonía y unidad es la humildad.

Con toda mansedumbre. ¿Cuántos hombres quieren ser mansos? Queremos ser bravos, ¿verdad? Pero la mansedumbre no es debilidad. Es la ternura de alguien fuerte; es la fuerza bajo control.

Soportar a otros. Anda con paciencia y amor incondicional, ágape. Sé tolerante, perdonando y tolerando las faltas de otros, en el amor.

Haz todo lo posible por guardar la unidad del Espíritu. Ya tenemos unidad. No es algo que se crea; nuestra responsabilidad es mantenerla. ¿Cómo? En el vínculo de la paz, enlazados mediante la paz. Algo que trae división no es de Dios. Las divisiones entre iglesias son una piedra de tropiezo para el mundo, que dice: "Hablan de amor, ¡pero siempre están peleando!"

Es posible que hayas estudiado muchos años por tu vocación en el mundo. Tú puedes ser alguien muy importante en tu profesión. Eso está bien. Pero aquí hablamos de un llamado del Dios del universo para servir en el Cuerpo de su propio Hijo. Ya hemos visto la parte importantísima de la iglesia en su plan por toda la eternidad. Para tomar tu lugar en esa iglesia y comenzar los pasos hacia un varón perfecto, es necesario discernir esa vocación y andar digno de ella.

10 UNA IGLESIA SANA

Ya hemos visto la preeminencia de la iglesia en el plan de Dios. *Es* el cuerpo de Jesucristo, un concepto que Pablo desarrolla más en 1 Corintios 12. En la unidad de ese cuerpo hay mucha diversidad. Todos somos diferentes. Tenemos dones distintos, vocaciones distintas y personalidades distintas. Eso es bueno; la *unidad* no significa *uniformidad*. Pero en la *diversidad* tenemos que hacer todo lo posible para guardar la unidad que ya tenemos. Así que es importante entender claramente lo que compartimos en común.

Nuestra unidad

Siete veces en estos versículos Pablo usa la palabra "uno:"

⁴ *Un cuerpo, y un Espíritu, como fuisteis también llamados en una misma esperanza de vuestra vocación;* ⁵ *un Señor, una fe, un bautismo,* ⁶ *un Dios y Padre de todos, el cual es sobre todos, y por todos, y en todos.* (RVR)

1. Cristo tiene *un solo cuerpo*. Cada verdadero creyente es parte de esta iglesia universal. Ni el concilio ni la denominación importan. Cuando Cristo venga, habrá un solo cuerpo esperándole, la novia del Cordero.

2. Hay *un solo Espíritu Santo* que mora en cada creyente.

3. Hay *un solo Salvador y Señor*, Jesucristo, que es la cabeza de cada expresión local de su cuerpo (cada iglesia).

4. Hay *un Dios y Padre*. Él es Dios de todos, sobre todos, por medio de todos y en todos. Nuestro Padre tiene *una sola familia*. Hay algunos que dicen que la Trinidad no es bíblica, pero aquí se la ve claramente.

5. Hay *un solo bautismo*, aunque todos no lo administren lo mismo.

6. Todos tenemos *la misma esperanza* de nuestro llamado a la salvación: la vida eterna en el Reino de Dios.

7. Hay *una sola fe*: en Dios, su Palabra y lo que Cristo hizo en la cruz.

¿Tienes este concepto de unidad con hermanos de otras iglesias? Hay que buscar la paz, la reconciliación y trabajar juntos con ellos. No estamos en competencia, tal como tu mano no está en competencia con tu pie. A veces, alguien dice que quiere trabajar para el Señor, pero no quiere trabajar con otros. La obra del Señor se basa en el amor y en la importancia de cada miembro de su cuerpo. Es casi imposible ser un verdadero cristiano solo y aislado. No es fácil, pero hay que soportar con paciencia a otros y sus fallas.

Diversidad en la unidad

A pesar de esta unidad, hay un "pero" muy importante: Dios es uno, *pero* nosotros somos muchos, con vocaciones muy distintas:

[7] Pero a cada uno de nosotros fue dada la gracia conforme a la medida del don de Cristo. (RVR)

Las diferencias entre nosotros en la iglesia son buenas. Hay algunos que prefieren un culto muy tranquilo; otros quieren gritar y danzar. Ambos pueden estar en la voluntad de Dios; mucha variedad es posible en el cuerpo de Jesús.

La misma palabra griega (charism) se traduce como "gracia" o "don". "La gracia" aquí significa dones espirituales. Cada creyente tiene al menos un don, dado por la voluntad de Dios. No puedes ganarlo y no lo mereces porque seas un buen cristiano o seas tan maduro. Es un don, dado conforme a la medida del don de Cristo.

8 Por lo cual dice:
Subiendo a lo alto, llevó cautiva la cautividad,
Y dio dones a los hombres.

9 Y eso de que subió, ¿qué es, sino que también había descendido primero a las partes más bajas de la tierra? 10 El que descendió es el mismo que también subió por encima de todos los cielos para llenarlo todo. (RVR)

El verso 8 cita el Salmo 68. Jesús se humilló a sí mismo y descendió aquí a esta tierra. Entonces, su Padre lo enalteció al lugar más alto, a su diestra, gobernando el universo y llenando todo (Filipenses 2). Cuando Cristo subió al cielo, repartió dones a nosotros, comenzando en Pentecostés y continuando hasta el día de hoy. Tenemos que seguir el ejemplo de nuestro Señor: Dios quiere exaltarte, pero primeramente tienes que humillarte. Para subir, primero tienes que bajar.

Cinco oficios en la iglesia

11 Y él mismo constituyó a unos, apóstoles; a otros, profetas; a otros, evangelistas; a otros, pastores y maestros. (RVR)

Entre estos dones, Cristo constituyó oficios con autoridad para establecer su iglesia. Estos son los líderes. Hay orden, con los apóstoles en primer lugar.

Apóstol significa "enviado" (por el Señor y por otra iglesia) para plantar y supervisar iglesias. El apóstol mantiene una sana doctrina y la pureza de la iglesia, y tiene autoridad espiritual.

Profetas visitan varias iglesias, a veces con un mensaje de corrección. También predicen algo del futuro. Este oficio de profeta es distinto del don de profecía descrito en 1 Corintios 14. El don está disponible para todos y es para exhortación y consuelo.

Evangelistas. Todos deben evangelizar, pero el evangelista tiene una unción especial. No predica un mensaje diferente, pero Dios lo ha llamado y lo usa para llevar las buenas nuevas a muchos.

Pastores cuidan de las ovejas en la iglesia y las alimentan. Un pastor necesita un corazón lleno de amor por las ovejas. Algunos que están pastoreando iglesias realmente son evangelistas o maestros. Otros están persiguiendo su propia agenda; son asalariados y no se preocupan por sus rebaños (Juan 10:12).

Maestros tienen la capacidad de hacer clara la Palabra de Dios. La iglesia necesita enseñanza sana de la Biblia.

El propósito de estas oficinas

12 A fin de perfeccionar a los santos para la obra del ministerio, para la edificación del cuerpo de Cristo. (RVR)

El ministerio de cada oficio es esencial para establecer una iglesia fuerte. Ellos no hacen todo el ministerio, sino que capacitan y perfeccionan a los santos para que *ellos,* en su vocación, hagan el ministerio. Hay algunos pastores que, en la ignorancia o la inseguridad, no quieren que otros ministren. Ellos piensan que tienen que hacerlo todo. Una iglesia dominada por un pastor que no permite que los dones funcionen solo crecerá a la medida de las habilidades de ese pastor y casi siempre sufre cuando ese pastor se va.

La meta

[13] *Hasta que todos lleguemos a la unidad de la fe y del conocimiento del Hijo de Dios, a un varón perfecto, a la medida de la estatura de la plenitud de Cristo.* (RVR)

¿Cuál es el fin de todo ministerio en la iglesia?

- Llegar a la unidad de la fe.
- Obtener la unidad en nuestro conocimiento de Jesús.
- Ser un varón perfecto o maduro (o mujer madura).
- Llegar a la medida de la estatura de la plenitud de Cristo.

¡Guau! ¡Esa es una meta muy difícil! ¿Crees que ya hemos llegado? ¿Es posible que no estemos allí porque estas oficinas no están funcionando conforme al plan de Dios? ¿O porque muchos no están funcionando en su vocación?

La condición actual de muchos creyentes

[14] *Para que ya no seamos niños fluctuantes, llevados por doquiera de todo viento de doctrina, por estratagema de hombres que para engañar emplean con astucia las artimañas del error.* (RVR)

Lamentablemente, este verso describe a muchos cristianos:

- Niños fluctuantes, que cambian fácilmente de parecer.
- Gente llevada por doquier con cada viento de doctrina.
  - Son arrastrados por el viento de cualquier nueva enseñanza.
  - Un día ven a algún profeta en la televisión y siguen su palabra; al otro día es un apóstol con otra palabra.

- Resulta en mucha confusión. Es por eso que Dios nos coloca en una iglesia, con un pastor en quien confiamos para enseñarnos la verdad. No quiero decir que sea malo ver a otros en la televisión o en Internet, pero hay que tener mucho cuidado.
- Son llevados por estratagemas de hombres; por las astucias y los artificios de quienes emplean artimañas engañosas.
  - ¿Sabes que hay muchos en la iglesia con su propia agenda? Quieren establecer su propio reino. Piden mucho dinero. Engañan a la gente.
  - Emplean con astucia las artimañas del error.

¿Cómo sabemos si la iglesia está funcionando bien?

- Habrá estabilidad.
- En vez de niños fluctuantes, habrá gente firme en su fe.
- Habrá un conocimiento sólido de la Biblia y sus enseñanzas.

La voluntad de Dios para tu iglesia

[15] *Sino que siguiendo la verdad en amor, crezcamos en todo en aquel que es la cabeza, esto es, Cristo,* [16] *de quien todo el cuerpo, bien concertado y unido entre sí por todas las coyunturas que se ayudan mutuamente, según la actividad propia de cada miembro, recibe su crecimiento para ir edificándose en amor.* (RVR)

- Seguir y profesar la verdad en el amor. Para ser un varón perfecto, necesitamos ambos: la verdad y el amor. El amor sin la verdad es débil; la verdad sin amor es dura. La combinación es poderosa.

- Crecer en todo en Cristo. La NTV lo dice muy bien: él *hace que todo el cuerpo encaje perfectamente. Y cada parte, al cumplir con su función específica, ayuda a que las demás se desarrollen, y entonces todo el cuerpo crece y está sano y lleno de amor.*

- El cuerpo de Jesús funciona bien, con Cristo como cabeza, el cuerpo bien concertado y unido, y todas las coyunturas ayudándose mutuamente. Cada miembro tiene su propia actividad, don y vocación. Así siempre va edificándose en amor.

¿Eres parte de un cuerpo de Jesús? ¿Es saludable? ¿Está funcionando conforme a este plan de Dios? ¿Estás ministrando en tu vocación? ¿Qué ajuste sea necesario?

La iglesia es el fundamento esencial para llegar a la madurez. Si tu experiencia en la iglesia es deficiente, será casi imposible seguir los próximos pasos para ser un varón perfecto. He observado a muchos cristianos laborar arduamente para obtener esas cosas. Andan muy frustrados porque nunca han sentado el fundamento de este primer paso. En los cuarenta y cinco años que he sido creyente, he tenido conocimiento de muchas iglesias. Muy pocas funcionan conforme a este plan tan sencillo, pero también tan difícil. Tal vez Satanás haya hecho todo lo posible para destruir el cuerpo de Jesús porque tiene mucho temor de su potencia.

El Segundo Paso:

Caminar en Santidad y el Poder del Espíritu Santo

11   ¿ERES SALVO?

EFESIOS 4:17–19, 22; 5:5–6

¡Advertencia!

En este camino hacia la madurez, ¡es muy peligroso andar solo! Hay muchos obstáculos en ello y es casi imposible superarlos sin el apoyo de otros hermanos en Cristo. Para la fundación de toda la vida cristiana, Dios tiene planeada una iglesia conforme al plan que hemos visto en la primera parte de Efesios 4. Por supuesto, no hay ninguna iglesia perfecta. Hay muchos hipócritas y los que se llamen cristianos, pero viven conforme a los deseos de su carne. Pídele al Señor por una iglesia que:

- Predica y enseña la Biblia y trata de ponerla en práctica.
- Exalta y glorifica al Señor en su adoración.
- Tiene a un pastor que ama a su gente.
- Da libertad para el mover del Espíritu Santo.
- Manifiesta amor entre los hermanos.
- Tiene un buen testimonio como sal y luz en la comunidad, donde sirve y comparte las buenas nuevas.

Hay otro peligro aún más grave: tienes que conocer a Jesús para seguir adelante en este camino. Lamentablemente la iglesia está llena de gente que:

- Asiste a los cultos.
- Lleva su Biblia e incluso sepa muy bien lo que dice.
- Canta alabanzas y aun danza en los cultos.

Pero

- Por la noche en su computadora, puede ser otra persona.
- O, en la escuela, hace trampa en los exámenes y habla malas palabras.
- O, en el trabajo, roba tiempo o cosas de su empleo.
- O, en casa, maltrata a la mujer o los hijos.
- O, con sus compañeros, toma alcohol y comparte chistes obscenos.

Ya sabemos que no es fácil ser cristiano, pero tampoco hay excusa para el pecado. Antes de pasar al próximo paso hacia la madurez, hay algo muy importante que tenemos que resolver: ¿Eres salvo? Es muy fácil ser engañado aquí.

Una visión clara de donde tú estés ahora

[17] *Esto, pues, digo y requiero en el Señor: que ya no andéis como los otros gentiles, que andan en la vanidad de su mente.* (RVR)

Así que les digo esto y les insisto en el Señor: no vivan más con pensamientos frívolos como los paganos. (NVI)

Con la autoridad del Señor digo lo siguiente: ya no vivan como los que no conocen a Dios, porque ellos están irremediablemente confundidos. (NTV)

Esto, pues, es lo que les digo y les encargo en el nombre del Señor: que ya no vivan más como los paganos, los cuales viven de acuerdo con sus equivocados criterios. (DHH)

¿Cómo estás andando? Si estás leyendo esto, probablemente nosotros tengamos creencias semejantes:

- Jesucristo es el hijo de Dios que vino a este mundo, murió en la cruz y resucitó.

- Por fe en Jesús somos salvos, perdonados del pecado y dados una nueva vida.
- Vamos a pasar la eternidad en el cielo.
- La Biblia es la Palabra de Dios.

Eso es importante, pero Santiago dice que los demonios creen lo mismo y tiemblan (Santiago 2:19). Para ser salvo, esas creencias tienen que tener un efecto en tu vida diaria. Jesús dijo en Mateo 7:21-23:

> »No todo el que me dice: "Señor, Señor", entrará en el reino de los cielos, sino sólo el que hace la voluntad de mi Padre que está en el cielo. Muchos me dirán en aquel día: "Señor, Señor, ¿no profetizamos en tu nombre, y en tu nombre expulsamos demonios e hicimos muchos milagros?" Entonces les diré claramente: "Jamás los conocí. ¡Aléjense de mí, hacedores de maldad!"

Tu fe tiene que impactar tu diario andar. Pablo dice aquí que *lo requiere* en el Señor; no es una opción solo para los más espirituales. Si eres salvo, tienes que andar de manera diferente a aquellos que no son de la familia de Dios. Solo hay dos caminos, dos opciones:

- El camino ancho que lleva a la perdición. Todos comenzamos en ese camino.
- El camino estrecho, caminando con Jesús.

¿Cómo andan en el mundo?

Efesios describe escalones que descienden hacia la muerte, muy semejantes a los primeros capítulos de la carta de Pablo a los Romanos. Probablemente describen tu vida anterior y a la mayoría de la gente que tú conoces. Las varias traducciones nos ayudan a entender bien lo que Dios quiere decirnos aquí. Los escalones empiezan en la mente.

1. Tienen pensamientos frívolos e inútiles. Están irremediablemente confundidos. El mundo tiene un concepto equivocado de sabiduría y de lo que es importante. Mira un show en la televisión o lee lo que ponen en Facebook: piensan mal; la mente está corrompida y no funciona bien.

18 teniendo el entendimiento entenebrecido, ajenos de la vida de Dios por la ignorancia que en ellos hay, por la dureza de su corazón; (RVR)

A causa de la ignorancia que los domina y por la dureza de su corazón, éstos tienen oscurecido el entendimiento y están alejados de la vida que proviene de Dios. (NVI)

Tienen la mente llena de oscuridad; vagan lejos de la vida que Dios ofrece, porque cerraron la mente y endurecieron el corazón hacia él. (NTV)

2. Su entendimiento está lleno de oscuridad. No pueden comprender las cosas espirituales. No es sorprendente que no acepten el evangelio; parece locura a los que abandonan la fe y se apoyan en su propio entendimiento. Muchos hoy quieren seguir a Cristo "a su manera". Escogen lo que les agrada del evangelio, sin someterse al señorío de Jesucristo.

3. Con el entendimiento oscurecido, andan en tinieblas. Necesitan luz: la luz de la Palabra y la luz de Dios. Hay otra luz también: ¡Tú y yo somos la luz del mundo! Anda de tal manera que tu luz brille en esta oscuridad.

4. Vagan alejados de la vida de Dios, muertos espiritualmente y eternamente.

5. Son ignorantes. No tienen conocimiento de la Biblia. Saben algunas cosas acerca de Jesús, pero son ignorantes del Evangelio. Y no es necesariamente su culpa. ¿Cómo pueden creer si nadie comparte la Palabra de Dios con ellos?

6. Sus corazones están endurecidos y, por eso, no reciben la Palabra. Ya no quieren cambiar. Solo el Espíritu Santo puede penetrar en un corazón endurecido. ¡Ten cuidado de endurecer tu corazón de nuevo!

[19] los cuales, después que perdieron toda sensibilidad, se entregaron a la lascivia para cometer con avidez toda clase de impureza. (RVR)

Han perdido toda vergüenza, se han entregado a la inmoralidad, y no se sacian de cometer toda clase de actos indecentes. (NVI)

Han perdido la vergüenza. Viven para los placeres sensuales y practican con gusto toda clase de impureza. (NTV)

Se han endurecido y se han entregado al vicio, cometiendo sin freno toda clase de cosas impuras. (DHH)

7. Pierden toda sensibilidad; son sin vergüenza. Posiblemente la tenían en el pasado, pero cuando se sigue pecando, se la pierde. Ahora, la conciencia está quemada.

8. Se entregan a la inmoralidad, la sensualidad y el vicio. Su dios es el placer. Es una decisión que toman. Y si no conoces a Dios, ¿por qué no? Comamos y bebamos, porque mañana moriremos.

9. Cometen toda clase de impureza con avidez, sin freno y con gusto. No se sacian de cometer actos indecentes. Van de mal en peor y quieren que tú también participes con ellos en su pecado: *A ellos les parece extraño que ustedes ya no corran con ellos en ese mismo desbordamiento de inmoralidad, y por eso los insultan* (1 Pedro 4:4).

[22]la vieja naturaleza está corrompida por los deseos engañosos; por la sensualidad y el engaño.

10. Sin Cristo, tus deseos sensuales te corrompen. Son completamente engañados.

Reflexiona bien sobre estos escalones

Estos escalones, ¿describen tu vida en el pasado? ¿O mejor te describen ahora? Todos andábamos perdidos y descarriados. El cristiano no es mejor que ellos, pero habrá un juicio más fuerte para ti si andas así después de haber aceptado a Cristo. Si eso te describe, hay un problema, hay algo malo. Es casi cierto que has sido engañado. Posiblemente pasaste al frente en un servicio, hiciste una oración y alguien te dijo que ya eres salvo y que irás al cielo. Ahora, escucha lo que dice la Palabra de Dios, en Efesios 5:5-6:

Porque sabéis esto, que ningún fornicario, o inmundo, o avaro, que es idólatra, tiene herencia en el reino de Cristo y de Dios. Nadie os engañe con palabras vanas, porque por estas cosas viene la ira de Dios sobre los hijos de desobediencia. (RVR)

Porque pueden estar seguros de que nadie que sea avaro (es decir, idólatra), inmoral o impuro tendrá herencia en el reino de Cristo y de Dios. Que nadie los engañe con argumentaciones vanas, porque por esto viene el castigo de Dios sobre los que viven en la desobediencia. (NVI)

Pueden estar seguros de que ninguna persona inmoral, impura o avara heredará el reino de Cristo y de Dios. Pues el avaro es un idólatra, que adora las cosas de este mundo. No se dejen engañar por los que tratan de justificar esos pecados, porque el enojo de Dios caerá sobre todos los que lo desobedecen. (NTV)

No seas engañado: no puedes seguir viviendo así y ser salvo. Claro que no hay nadie perfecto. Todos pecamos de vez en cuando, pero el verdadero cristiano está convencido de su pecado y va corriendo, arrepentido, a su Salvador, pidiéndole perdón. Pablo habla aquí de la persona que practica estos pecados. Lamentablemente, hay muchos avaros en la iglesia que adoran las cosas de este mundo. Aún peor, muchos predicadores actualmente animan a su gente a ser ídolatras. No es posible caminar en los dos caminos, aunque muchos quieran hacerlo.

Hay muchos falsos maestros hoy, engañadores que dan un mensaje que la gente quiere escuchar. Dicen que puedes vivir como quieras; que el pecado no es tan serio. Pero la Biblia dice que la ira de Dios viene a causa de esas mismas cosas. Hay un juicio venidero y habrá sorpresas en ese día. No seas engañado por aquellos que tratan de justificar esos pecados. Los que viven así son hijos de desobediencia, y es precisamente por esos pecados que vendrá la ira de Dios.

Muchos que andan como el mundo creen que irán al cielo, pero están engañados. Dios quiere salvarte de ese engaño. Hay un temor saludable de Dios: temor al infierno y un castigo eterno. Cuando yo era capellán en las prisiones, conocí a muchos pastores encarcelados. Habían pasado años ministrando en iglesias y se dieron cuenta de que no se habían salvado. Aceptaron a Cristo en la prisión y fueron transformados por su poder. Es posible que en este estudio el Señor te haya revelado que no eres salvo. Todavía andas como el mundo, en el camino ancho. Estás sirviendo a dos amos, y Cristo dice que eso es imposible. Cristo murió para liberarte de ese pecado. Hay esperanza para ti. ¿Eres salvo? Si no, vuelve al principio de Efesios y lee los primeros tres capítulos. Acepta lo que Dios ha hecho por ti, arrepiéntete de tu pecado y entrega tu vida a Jesús para seguirle en el camino estrecho.

12   ARREPENTIMIENTO

EFESIOS 4:20-24

¿**C**onoces a Jesucristo como Señor y Salvador? ¿Eres parte de una iglesia conforme al plan de Dios, como Pablo lo describe en Efesios 4:16? *Él hace que todo el cuerpo encaje perfectamente. Y cada parte, al cumplir con su función específica, ayuda a que las demás se desarrollen, y entonces todo el cuerpo crece y está sano y lleno de amor.* (NTV)

Si tu respuesta es "sí", estás listo para el siguiente paso hacia la madurez.

Un diario vivir que refleja a Jesucristo y lo glorifica

Pablo dedica mucho espacio a este paso. Es muy común hoy en día, como en aquel entonces, inventar excusas para el pecado y justificar vivir en la carne. Pablo pasó un año en Éfeso, enseñando la Palabra cada día. Él sabe que habló acerca del costo del discipulado, la santidad y el señorío de Jesucristo. Puede decir confiadamente:

4:20 Mas vosotros no habéis aprendido así a Cristo, 21 si en verdad le habéis oído, y habéis sido por él enseñados, conforme a la verdad que está en Jesús. (RVR)

¿Cuál es la enseñanza que tú recibiste? Tenemos que escudriñarla a la luz de la Biblia. Desafortunadamente, algunas enseñanzas han sido distorsionadas. Puede ser doloroso, pero a veces tienes que rechazar algunas cosas que aprendiste de gente que amas y respetas, pero no es sana doctrina; no es bíblica.

Pablo también sabe que algunos reciben enseñanza sólida de parte de los mejores maestros y aún no crecen. ¿Por qué?

- No la oyeron. ¿Te recuerdas de las muchas veces que Jesús dijo: "El que tiene oídos para oír, oiga"? Dios tiene que abrir el entendimiento para que escuches la verdad. Es posible que ellos no hayan sido salvados o que tengan corazones endurecidos. Mucha gente solo oye lo que quiere oír. O posiblemente, durante la predicación, estaban pensando en su novia, sus planes para el día siguiente o enviando mensajes de texto.

- No fueron enseñados por Cristo. No tenían al Espíritu Santo (el Maestro), que les enseña cómo andar, ni eran enseñables.

Si tú eres un pastor y predicas la Biblia, pero todavía hay gente que no está creciendo, esto puede explicar por qué. También hay muchos sin un arrepentimiento genuino, lo cual es necesario para comenzar este segundo paso hacia la madurez.

Arrepentimiento genuino

[22] En cuanto a la pasada manera de vivir, despojaos del viejo hombre, que está viciado conforme a los deseos engañosos. (RVR)

Con respecto a la vida que antes llevaban, se les enseñó que debían quitarse el ropaje de la vieja naturaleza, la cual está corrompida por los deseos engañosos. (NVI)

Desháganse de su vieja naturaleza pecaminosa y de su antigua manera de vivir, que está corrompida por la sensualidad y el engaño. (NTV)

Por eso, deben ustedes renunciar a su antigua manera de vivir y despojarse de lo que antes eran, ya que todo eso se ha corrompido a causa de los deseos engañosos. (DHH)

El viejo hombre y el antiguo modo de vivir: Es el ropaje viejo de tu vieja naturaleza pecaminosa y está corrompido por la sensualidad y los deseos engañosos. Tiene muchas manchas, pero no puedes lavar ese ropaje ni salvarlo. Es imposible crecer en el Señor con el ropaje viejo.

La única solución es:

- Desecharse de ello.
- Quitarse el ropaje viejo.
- Despojarse del viejo hombre.
- Renunciar a tu antigua manera de vivir.

Se llama arrepentimiento. Suena fácil, pero no lo es. Ese ropaje era muy cómodo. Estás muy acostumbrado a ello. Está de moda. No sabes cómo será el ropaje nuevo. Puedes sentirte frío o expuesto sin tu ropa vieja. Ni siquiera tienes la oportunidad de probar el ropaje nuevo para ver si te gusta; por fe, tienes que confiar en que Dios sabe cuál sería el mejor ropaje para ti.

Es como Israel cuando salió de su esclavitud en Egipto: aunque era muy difícil, estaban acostumbrados a esa vida y temían el viaje a una tierra desconocida. En el arrepentimiento, estás dejando tu esclavitud y comenzando el viaje a una nueva vida. Tu ropaje viejo son trapos feos y sucios. ¡Dios tiene algo mucho mejor para ti!

Ropa nueva

La ropa es un símbolo que nos ayuda a visualizar el proceso. Otro símbolo es el bautismo en agua: una identificación radical con Cristo en su muerte, en su tumba y en su resurrección. El viejo hombre está muerto, crucificado, clavado en la cruz. No es fácil crucificarse a uno mismo, pero Dios te promete una resurrección gloriosa a una vida nueva.

Si todavía estás llevando esta ropa vieja, tú puedes quitarla y dejarla ahora mismo. Y no te preocupes, Dios no te dejará desnudo. Tiene ropa nueva lista para ti.

[24] *Y vestíos del nuevo hombre, creado según Dios en la justicia y santidad de la verdad.* (RVR)

Y ponerse el ropaje de la nueva naturaleza, creada a imagen de Dios, en verdadera justicia y santidad. (NVI)

Y revestirse de la nueva naturaleza, creada a imagen de Dios y que se distingue por una vida recta y pura, basada en la verdad. (DHH)

La santidad no es una cuestión de controlar la mente ni de muchas reglas y leyes. No puedes lograrla en tu propia fuerza. Es una nueva naturaleza que Dios te da, pero primero tienes que quitarte el ropaje de la vieja naturaleza. No puedes llevar ropa nueva y vieja al mismo tiempo. Es una decisión que tú tienes que tomar. Algunos quitan al viejo hombre, pero no se visten con el nuevo. Otros se visten con la ropa engañosa del mundo y de Satanás, con sus promesas de prosperidad y felicidad. Vístete con el nuevo hombre. No quieres estar desnudo ni sin ropa para protegerte. En Cristo todo es hecho nuevo. Eres una criatura nueva, nacida de nuevo, creada según Dios, a su imagen.

Ese nuevo hombre es creado en la justicia; la justicia de Jesucristo que recibes por la fe. No es tu justicia, porque tu justicia es como trapos de inmundicia. Dios te declara no culpable y libre del castigo que mereces por tu rebelión. El nuevo hombre es creado en la santidad de la verdad. Ahora eres parte de una comunidad nueva, separado y purificado de las cosas del mundo.

Dios te ofrece esta vida nueva gratis. No la mereces. No puedes comprarla. Tienes que llegar al final de ti mismo. ¿Estás listo? ¿Estás cansado de todos tus esfuerzos vanos para cambiar? Si has aceptado a Jesús, ya tienes esa nueva naturaleza; ya te dio ropaje nuevo. Ahora tienes que aprender a caminar en esa nueva naturaleza, con tu nueva ropa, como los israelitas cuando Dios los sacó de Egipto. Ya eran libres, pero necesitaban cuarenta años para aprender a caminar en su nueva vida. Muchas veces querían volver y vestirse de nuevo con su ropaje viejo de esclavitud. ¡Quema ese ropaje! ¡No lo necesitas! Si vuelves atrás y te lo pones de nuevo, vas a ver que ya no encaja. Está dañado. ¡Da gracias al Señor por esta ropa gloriosa que Él te ha dado!

La imagen de Dios restaurada

Hay algo muy impresionante acerca de esta nueva naturaleza que casi se pierde en la Reina Valera. La NVI dice que es *creada a imagen de Dios* y la NTV *creada para ser a la semejanza de Dios*. En Cristo, tu nuevo ropaje, tu nueva naturaleza, restaura la intención original de Dios. No eres divino, pero llevas *la semejanza* de Dios, tal como al principio Adán fue creado a imagen de Dios. ¡Cristo nos restaura lo que fue perdido en la caída de Adán y Eva!

Dios ha hecho su parte. Nosotros tenemos que aceptarlo, creerlo y ponernos esta nueva naturaleza. Entonces, el trabajo comienza.

¡Renuévate!

[23] Y renovaos en el espíritu de vuestra mente. (RVR)

En cambio, dejen que el Espíritu les renueve los pensamientos y las actitudes. (NTV)

Este verso sirve como un puente entre el viejo hombre que hemos despojado y el nuevo hombre glorificado. Ya tienes esa naturaleza a la imagen de Dios, pero aún no has llegado al varón perfecto que Pablo describe en 4:13. Parte del proceso es participar en la iglesia y aprender a amar y soportar a otros en sus debilidades, pero hay otro proceso que comienza en tu interior: tienes que renovar la mente. Eso cuesta trabajo. Eso se logra con el discipulado.

Puedes intentar dejar algún hábito y cambiar con toda tu fuerza, pero si tienes la misma mentalidad, no habrá ningún cambio. La transformación de tu vida comienza con tus pensamientos y actitudes. Con la mente transformada, tu paso también será impactado.

Las dos traducciones representan dos posibilidades de lo que Pablo quiere comunicar aquí. Es un mandato en ambas. No es una opción.

- En la Reina Valera *el espíritu* es nuestra mente y es nuestra responsabilidad renovarlo.
- En la Traducción Viviente es el Espíritu Santo quien hace la obra; nuestra parte es dejar que Él lo haga.

Creo que ambas son correctas. Sin el Espíritu Santo será imposible para ti hacer esta renovación, pero también creo que te cuesta bastante trabajo, luchando con tu espíritu humano.

¿Cómo está tu mente? ¿Qué llena tus pensamientos todo el día? Medita en la Biblia, en la verdad. Llena tu mente de alabanzas. ¿Cómo está tu viejo hombre? ¿Aún vive? Dios te ofrece una nueva vida. ¡Quita el ropaje viejo! ¡Crucifica al viejo hombre y clava ese pecado en la cruz de Jesús.

Ya que han sido resucitados a una vida nueva con Cristo, pongan la mira en las verdades del cielo, donde Cristo está sentado en el lugar de honor, a la derecha de Dios. Piensen en las cosas del cielo, no en las de la tierra. Pues ustedes han muerto a esta vida y su verdadera vida está escondida con Cristo en Dios. Cuando Cristo —quien es la vida de ustedes— sea revelado a todo el mundo, ustedes participarán de toda su gloria.

Así que hagan morir las cosas pecaminosas y terrenales que acechan dentro de ustedes. No tengan nada que ver con la inmoralidad sexual, la impureza, las bajas pasiones y los malos deseos. No sean avaros, pues la persona avara es idólatra porque adora las cosas de este mundo (Colosenses 3:1-5, NTV).

13   Cinco áreas impactadas por un arrepentimiento genuino

Efesios 4:25 al 5:3

No es posible rehabilitar al viejo hombre y llegar a la madurez. La única solución es crucificarlo, quitarse el ropaje viejo y aceptar el don de Dios: una naturaleza nueva, y ropaje nuevo. Luego, tú puedes comenzar con tu parte en la transformación (4:23):

Renuévense en el espíritu de su mente. (Reina Valera Contemporánea; RVC)

Ustedes deben cambiar completamente su manera de pensar. (Traducción en lenguaje actual)

Sí, mi hermano, tú tienes una parte esencial en este proceso. Aquí vamos a ver cinco áreas en que esta renovación debería influir.

Tu boca

25 Por lo cual, desechando la mentira, hablad verdad cada uno con su prójimo; porque somos miembros del mismo cuerpo. (RVR)

No mientas. ¿Sabes que la mentira es un problema para muchos cristianos? Viven una mentira. Están tan acostumbrados a mentir que ni siquiera se dan cuenta del problema. Hay un ciclo muy feo que comienza con una mentira: tienes que cubrirte con otra mentira. Mentir es muy serio. Satanás es el padre de la mentira, y Apocalipsis 21:8 dice: *Todos los mentirosos tendrán su parte en el lago que arde con fuego y azufre.* Hay un mito común de que hay mentiras "blancas" y mentiras "negras". O hay mentiras "piadosas" que no son verdad, pero que edifican a la persona. Tal como todo pecado es pecado, toda mentira es mentira. No justifiques tu mentira diciendo que no hace daño a nadie.

Siempre habla la verdad. Vive una vida transparente, sin nada que ocultar. En la iglesia somos miembros del mismo cuerpo. La mentira destruye la confianza y el compañerismo, quebranta la unidad y crea conflicto. Desecha la mentira.

[29] *Ninguna palabra corrompida salga de vuestra boca, sino la que sea buena para la necesaria edificación, a fin de dar gracia a los oyentes.* (RVR)

Eviten toda conversación obscena. Por el contrario, que sus palabras contribuyan a la necesaria edificación y sean de bendición para quienes escuchan. (NVI)

No empleen un lenguaje grosero ni ofensivo. Que todo lo que digan sea bueno y útil, a fin de que sus palabras resulten de estímulo para quienes las oigan. (NTV)

Ninguna palabra obscena debe salir de tu boca, sino palabras que edifiquen y den gracia a los oyentes. ¿Hablas groseras y malas palabras? ¿Participas en conversaciones obscenas con tus amigos? Tus palabras revelan lo que hay en tu corazón.

He observado algo triste entre muchos cristianos: supuestamente como una broma, ponen abajo a un hermano. Él puede reír, pero el hermano está lastimado. También es común murmurar, quejarse y hablar negativamente. Eso se extiende como un cáncer en la iglesia. Todo lo que digas debe edificar y bendecir a los oyentes.

[5:4] *Tampoco digan obscenidades ni tonterías ni palabras groseras. Eso no es conveniente. En vez de eso, den gracias a Dios.* (RVC)

Tampoco debe haber palabras indecentes, conversaciones necias ni chistes groseros, todo lo cual está fuera de lugar; haya más bien acción de gracias. (NVI)

Los cuentos obscenos, las conversaciones necias y los chistes groseros no son para ustedes. En cambio, que haya una actitud de agradecimiento a Dios. (NTV)

Cuentos obscenos, conversaciones necias y chistes groseros están fuera de lugar. Ten cuidado con tus amistades. Si siempre andas con gente que usa malas palabras y comparte cuentos obscenos, tú también hablarás así. Si llenas tu mente con tonterías y obscenidades en Internet o en la televisión, van a entrar en tu conversación. Las conversaciones necias son muy comunes, incluso entre los cristianos. Hay gran poder en la lengua; Dios te la dio para bendecir y edificar a otros y para darle gracias.

> *La lengua es un miembro muy pequeño del cuerpo, pero hace alarde de grandes hazañas. ¡Imagínense qué gran bosque se incendia con tan pequeña chispa! También la lengua es un fuego, un mundo de maldad. Siendo uno de nuestros órganos, contamina todo el cuerpo y, encendida por el infierno, prende a su vez fuego a todo el curso de la vida.*

> *El ser humano sabe domar y, en efecto, ha domado toda clase de fieras, de aves, de reptiles y de bestias marinas; pero nadie puede domar la lengua. Es un mal irrefrenable, lleno de veneno mortal.*

> *Con la lengua bendecimos a nuestro Señor y Padre, y con ella maldecimos a las personas,*

creadas a imagen de Dios. De una misma boca salen bendición y maldición. Hermanos míos, esto no debe ser así. ¿Puede acaso brotar de una misma fuente agua dulce y agua salada? (Santiago 3:5-11)

Tu ira

4:26 Enójense, pero no pequen; reconcíliense antes de que el sol se ponga, 27 y no den lugar al diablo. (RVC)

«Si se enojan, no pequen.» No dejen que el sol se ponga estando aún enojados, ni den cabida al diablo. (NVI)

Además, «no pequen al dejar que el enojo los controle». No permitan que el sol se ponga mientras siguen enojados, porque el enojo da lugar al diablo. (NTV)

En griego, es un mandato, y así lo traduce la Reina Valera: ¡Enójense!

- ¡Qué libertad!
- ¡Está bien enojarse!
- ¡No es pecado estar enojado!
- ¡Dios se enoja!

Efesios 5:6 habla de la ira de Dios contra nuestro pecado. Nosotros también odiamos el pecado y nos enojamos al verlo. Hay un enojo justo, pero muchos tienen miedo del enojo, porque les ha causado tantos problemas en el pasado. Es una emoción fuerte y es fácil pecar cuando estás enojado. La Biblia te manda:

- No peques en tu ira. Tú tienes que controlarlo y no ser controlado por él. Está bien expresar tu enojo de una manera calmada y controlada; no está bien lastimar a otros o destruir algo.

- No permitas que el sol se ponga mientras sigues enojado. Sé lento para enojarte y listo para perdonar y resolver la situación. No guardes rencor ni permitas que una raíz de amargura crezca en tu corazón.

- No le des lugar al diablo. Sé consciente de que es fácil decir cosas cuando estés enojado que realmente no quieres decir. Esas palabras pueden hacer mucho daño. El enojo abre una puerta al diablo. Sé vigilante para su engaño y listo para reprenderle y clamar a Jesús.

El enojo es un problema tan común y malentendido que voy a dedicar todo el próximo capítulo a un estudio de lo que dice la Biblia al respecto.

Tu trabajo

²⁸ El que hurtaba, no hurte más, sino trabaje, haciendo con sus manos lo que es bueno, para que tenga qué compartir con el que padece necesidad. (RVR)

El que robaba, que no robe más, sino que trabaje honradamente con las manos para tener qué compartir con los necesitados. (NVI)

Si eres ladrón, deja de robar. En cambio, usa tus manos en un buen trabajo digno y luego comparte generosamente con los que tienen necesidad. (NTV)

Es uno de los diez mandamientos: No robes. Pero hay un principio más profundo aquí: el ladrón solo piensa en sí mismo; no le importa cómo puede impactar a otros. No robes para ayudar a los necesitados (a menos que sea Robin Hood). Lamentablemente, muchos cristianos roban tiempo o cosas pequeñas (como lápices o copias) de su trabajo.

Dios es muy trabajador (*Jesús les respondió: Hasta ahora mi Padre trabaja, y yo también trabajo.* Juan 5:17). Trabajar es muy digno. Haz lo que sea bueno con tus manos, no para comprar muchas cosas, sino para compartir generosamente con los necesitados.

¿Estás trabajando? ¿Ayudas a los necesitados? Sé que puede ser difícil. Con tanto desempleo, es casi imposible conseguir un buen trabajo, pero no caigas en algo ilegal. Ponte a trabajar en algo productivo. Es cierto que una mente ociosa es el taller del diablo.

Tus relaciones

[31] *Quítense de vosotros toda amargura, enojo, ira, gritería y maledicencia, y toda malicia.* [32] *Antes sed benignos unos con otros, misericordiosos, perdonándoos unos a otros, como Dios también os perdonó a vosotros en Cristo.* (RVR)

Abandonen toda amargura, ira y enojo, gritos y calumnias, y toda forma de malicia. Más bien, sean bondadosos y compasivos unos con otros, y perdónense mutuamente, así como Dios los perdonó a ustedes en Cristo. (NVI)

Líbrense de toda amargura, furia, enojo, palabras ásperas, calumnias y toda clase de mala conducta. Por el contrario, sean amables unos con otros, sean de buen corazón, y perdónense unos a otros, tal como Dios los ha perdonado a ustedes por medio de Cristo. (NTV)

¿Quieres ser un buen amigo? ¿Un buen novio? ¿Un buen esposo? Tal como quitaste la ropa del viejo hombre, hay algunas cosas que tienes que quitar porque dañan las relaciones.

- Amargura
- Enojo e ira
- Gritería, maledicencia y calumnia

- Toda forma de malicia y mala conducta

En su lugar debes ser:

- Benigno, amable y misericordioso
- Bondadoso, compasivo y de buen corazón
- Un hombre que perdona

Tienes a Jesucristo como un modelo de cómo perdonar. Tienes que perdonar como Dios te perdonó en Cristo. Es un don. Tú recibiste la gracia y el perdón de Dios; ahora Él te llama a perdonar a otros: *Porque si perdonan a otros sus ofensas, también los perdonará a ustedes su Padre celestial. Pero si no perdonan a otros sus ofensas, tampoco su Padre les perdonará a ustedes las suyas* (Mateo 6:14-15).

¿Hay algo aquí que tengas que quitar? ¿Hay alguien a quien tengas que perdonar? ¿Eres amable, misericordioso y compasivo?

Tus ídolos: sexo y dinero

5:3 Pero fornicación y toda inmundicia, o avaricia, ni aun se nombre entre vosotros, como conviene a santos. (RVR)

Entre ustedes ni siquiera debe mencionarse la inmoralidad sexual, ni ninguna clase de impureza o de avaricia, porque eso no es propio del pueblo santo de Dios. (NVI)

¡Guau! Pecado sexual y avaricia. Estas son las dos cosas que dominan a la mayoría de los hombres.

La batalla principal en la mente de un hombre es el sexo. El sexo es tan poderoso que ni siquiera es posible mencionar algunas cosas sin caer en pecado. Tú ya sabes cómo es: puedes ver a una mujer en la calle o en la televisión y ya estás excitado. La lucha por la pureza sexual no es un juego; es aquí donde muchos hombres son derrotados. La única solución es reconocerla como la batalla que es y ser muy vigilante. Ésta es una lucha tan profunda para muchos hombres que el capítulo 15 está dedicado a este tema.

Aquí basta con decir que hay que quitar toda la inmundicia y la avaricia. Ni siquiera deberíamos mencionarlo. La realidad es que no solamente *mencionamos* la inmoralidad sexual, sino que *llenamos* la mente con ella en la televisión y las películas. Muchos hombres son adictos a la pornografía en Internet.

La avaricia es un afán desordenado de adquirir y atesorar riquezas o cosas materiales. También se le llama codicia. Es otro de los Diez Mandamientos: No codicies. Por desgracia, la avaricia probablemente describe a la mayoría del mundo, incluso a los cristianos. Estados Unidos ha exportado su avaricia al mundo entero. Cada día, la cultura nos impulsa a codiciar. Hay anuncios por todas partes y la presión de tu familia y amistades para comprar más. Aprende a estar contento con lo que Dios te haya dado.

La conclusión: Imitar a Dios y andar en amor

5:1 Sed, pues, imitadores de Dios como hijos amados. 2Y andad en amor, como también Cristo nos amó, y se entregó a sí mismo por nosotros, ofrenda y sacrificio a Dios en olor fragante. (RVR)

Por lo tanto, imiten a Dios en todo lo que hagan porque ustedes son sus hijos queridos. Vivan una vida llena de amor, siguiendo el ejemplo de Cristo. Él nos amó y se ofreció a sí mismo como sacrificio por nosotros, como aroma agradable a Dios. (NTV)

¿Has tenido un hijo que te observa y te imita en todo lo que hagas? Imita a Dios como un hijo amado. Estúdialo. No puedes imitar a alguien que no conoces. Tenemos un gran modelo: la vida de Jesucristo. Hace unos años, era popular preguntar: ¿Qué haría Jesús? Anda en el mismo amor que Cristo tiene para nosotros: se entregó a sí mismo por nosotros y agradeció a Dios con su ofrenda y sacrificio. Dios está agradecido cuando tú pones tu vida por tu hermano. Si amas como Cristo e imitas a tu Padre celestial, toda tu vida se transformará. Inténtalo durante una semana y verás su impacto.

¿Estás caminando en santidad? ¿Deseas pureza sexual en serio? ¿Eres avaro? Hay cinco campos de batalla en el camino hacia la madurez. Son feroces. Muchos nunca pasan más allá de ellos. Hoy, como en aquel entonces, tropiezan a muchos cristianos. En tu fuerza, es imposible vencer, pero gracias a Dios, Él tiene una provisión para ti: con un arrepentimiento genuino, estás listo para el Espíritu Santo. La última parte de este segundo paso hacia la madurez es aprender a caminar en su poder, pero primero vamos a dedicar dos capítulos a luchas muy intensas para muchos hombres: el enojo y el sexo.

14   Enójate, pero no peques

Ya estudiamos lo que dice Efesios acerca del enojo en el capítulo anterior, pero he conocido a tantos hombres dominados por su ira que quiero dedicar un capítulo completo al tema. Si no es un problema para ti, ve al próximo capítulo, sobre el sexo, que es una lucha para casi todos los hombres.

Lo que dice la Biblia acerca de la ira de Dios

La ira no es mala. Lee el Antiguo Testamento: Dios parece ser un dios muy enojado. Varias veces casi destruyó a su pueblo a causa de su ardiente ira. Su ira es muy poderosa:

Tu ira en verdad nos consume,
tu indignación nos aterra.
¿Quién puede comprender el furor de tu enojo?
¡Tu ira es tan grande como el temor que se te debe! (Salmo 90:7, 11)

Moisés escribió ese Salmo. Él era un hombre muy capacitado para escribir sobre la ira de Dios: la había visto varias veces, pero también tenía una relación muy íntima con Dios.

Corrígeme, Señor, pero con justicia,
y no según tu ira, pues me destruirías (Jeremías 10:24).

¿Has corregido a tus hijos en ira? ¿Hasta el punto de que casi los destruiste? Me sorprende que Jeremías, que tan a menudo proclamó la ira de Dios contra otros, creyera que Dios se enojaría con él.

¿Quién podrá enfrentarse a su indignación?
¿Quién resistirá el ardor de su ira?
Su furor se derrama como fuego;
ante él se resquebrajan las rocas (Nahúm 1:6).

Dios puede estar muy enojado, con consecuencias muy feas:

Ellos me han abandonado; han quemado incienso a otros dioses,
y con todos sus ídolos han provocado mi furor. Por eso arde mi ira
contra este lugar, y no se apagará (2 Crónicas 34:25).

El soplo de Dios los destruye,
el aliento de su enojo los consume (Job 4:9).

Él mueve montañas sin que éstas lo sepan,
y en su enojo las trastorna (Job 9:5).

Dios castiga y juzga en su ira

En su ira, Dios puede reprender o castigar:

No me reprendas, Señor, en tu ira; no me castigues en tu
furor (Salmo 6:1). David, el hombre conforme al corazón de Dios,
escribió esto. Él conocía el favor y el amor de Dios, pero también
sufrió bajo su disciplina después de su pecado con Betsabé.

Por tu culpa perderás la herencia que yo te había dado.
Te haré esclava de tus enemigos, en un país para ti desconocido,
porque has encendido mi ira, la cual se mantendrá ardiendo para
siempre (Jeremías 17:4).

Tal vez esto sea una exageración, debido a la profundidad de su
ira en ese momento, porque Dios es lento para la ira y su ira no
dura:

Eres Dios perdonador, clemente y compasivo, lento para la ira y
grande en amor (Nehemías 9:17).

Porque sólo un instante dura su enojo, pero toda una vida su bondad. Si por la noche hay llanto,
por la mañana habrá gritos de alegría (Salmo 30:5).

Por un momento, en un arrebato de enojo, escondí mi rostro de ti;
pero con amor eterno te tendré compasión—dice el Señor, tu Redentor— (Isaías 54:8).

Parece que Dios tiene que descargar su ira por completo, y luego se calma:

Entonces se apaciguará mi ira, mi enojo contra ellos será saciado, y me daré por satisfecho. Y cuando en mi celo haya desahogado mi enojo contra ellos, sabrán que yo, el Señor, lo he dicho (Ezequiel 5:13).

Veremos el furor de Dios manifestado en el juicio venidero:

¡Miren! ¡Ya viene el día del Señor
—día cruel, de furor y ardiente ira—;
convertirá en desolación la tierra
y exterminará de ella a los pecadores! (Isaías 13:9)

Pero por tu obstinación y por tu corazón empedernido sigues acumulando castigo contra ti mismo para el día de la ira, cuando Dios revelará su justo juicio (Romanos 2:5).

Colosenses 3:6 dice: *por estas cosas viene el castigo de Dios.*

Ira en Apocalipsis

Apocalipsis está lleno de ira. Incluso Jesús, que nos salva de la ira del Padre, está enojado:

Todos gritaban a las montañas y a las peñas: ¡Caigan sobre nosotros y escóndannos de la mirada del que está sentado en el trono y de la ira del Cordero! (Apocalipsis 6:16)

Los seguía un tercer ángel que clamaba a grandes voces: «Si alguien adora a la bestia y a su imagen, y se deja poner en la frente o en la mano la marca de la bestia, beberá también el vino del furor de Dios, que en la copa de su ira está puro, no diluido. Será atormentado con fuego y azufre, en presencia de los santos ángeles y del Cordero. El humo de ese tormento sube por los siglos de los siglos. No habrá descanso ni de día ni de noche para el que adore a la bestia y su imagen, ni para quien se deje poner la marca de su nombre.» (Apocalipsis 14:9-11)

Si crees que el Dios de ira del Antiguo Testamento es distinto del Dios de amor del Nuevo, aparentemente no has leído Apocalipsis. El Padre derramó su ira y juicio por nuestro pecado sobre Jesucristo en la cruz, pero Dios no ha "madurado" ni "dejado" su ira. Pacientemente, Él espera el día en que veamos todo su furor.

Jesús y el enojo

Aparte de Apocalipsis, hay poca ira en el Nuevo Testamento, aunque Jesús era capaz de enojarse:

Jesús se les quedó mirando, enojado y entristecido por la dureza de su corazón, y le dijo al hombre: Extiende la mano. La extendió, y la mano le quedó restablecida (Marcos 3:5).

El ejemplo más conocido de que Jesús se enoja es echar fuera a los mercaderes del templo:

Jesús entró en el templo y echó de allí a todos los que compraban y vendían. Volcó las mesas de los que cambiaban dinero y los puestos de los que vendían palomas (Mateo 21:12).

También vemos a Jesús enojado y reprendiendo a los fariseos, por ejemplo, en Mateo 23.

Varias veces en sus parábolas el hombre que representa a Dios se enoja:

El siervo regresó y le informó de esto a su señor. Entonces el dueño de la casa se enojó y le mandó a su siervo: "Sal de prisa por las plazas y los callejones del pueblo, y trae acá a los pobres, a los inválidos, a los cojos y a los ciegos." (Lucas 14:21)

Enseñanza bíblica sobre cómo manejar tu ira

Moisés, David, Samuel y Nehemías se enojaban. Pero, a pesar de la prevalencia de la ira de Dios en la Biblia, hay poca enseñanza bíblica sobre cómo podemos manejarla:

*Refrena tu enojo, abandona la ira; no te irrites, pues esto conduce al mal. (*DHH: *Deja el enojo, abandona el furor; no te enojes, porque eso empeora las cosas.)* (Salmo 37:8)

Es posible controlar tu ira. Tú puedes conscientemente apartarte de ella y girar hacia el perdón y una solución constructiva del problema. Muchas veces la ira empeora las cosas.

La respuesta amable calma el enojo, pero la agresiva echa leña al fuego (Proverbios 15:1).

También tenemos la capacidad de calmar la ira de otros. Nuestra tendencia es responder a la ira con ira, con palabras fuertes. Ellas echan más leña al fuego y pueden resultar en una pelea. El objetivo es evitar eso. Una respuesta amable calma el enojo. No es afeminado evitar una pelea.

No te hagas amigo de gente violenta, ni te juntes con los iracundos (Proverbios 22:24).

Tú puedes escoger a tus amigos. Hay gente malhumorada y violenta. Aléjate de ellos. Si te unes con los iracundos, es probable que caigas en su pecado.

No te dejes llevar por el enojo que sólo abriga el corazón del necio (PDT: enojarse es una tontería) (Eclesiastés 7:9).

El enojo debe ser algo pasajero. No mores en ello. Protege tu espíritu.

Ustedes han oído que se dijo a sus antepasados: "No mates y todo el que mate quedará sujeto al juicio del tribunal." Pero yo les digo que todo el que se enoje con su hermano quedará sujeto al juicio del tribunal. Es más, cualquiera que insulte a su hermano quedará sujeto al juicio del Consejo. Pero cualquiera que lo maldiga quedará sujeto al juicio del infierno (Mateo 5:21-22).

La ira mata. Jesús incluso dice que el enojo inapropiado pone en peligro nuestra salvación. Aunque puede parecer que Jesús dice que el enojo siempre es malo, tenemos que equilibrarlo con otras escrituras. Aquí va más allá del enojo para maldecir a la persona.

Si se enojan, no pequen. No dejen que el sol se ponga estando aún enojados, ni den cabida al diablo (Efesios 4:26-27).

Si estás enojado, es fácil pecar. Y lo que es peor, si no resuelves tu enojo, darás cabida al diablo. Puedes destruir una relación, hacer algo que lamentarás más tarde o traer división a la iglesia. La Biblia nos aconseja ser lentos para la ira, pero una vez enojados, resuélvelo el mismo día si es posible. No esperes. Si lo guardas, será como un fuego lento que te consumirá cada día.

Mis queridos hermanos, tengan presente esto: Todos deben estar listos para escuchar, y ser lentos para hablar y para enojarse; pues la ira humana no produce la vida justa que Dios quiere (Santiago 1:19-20).

Si aprendes a escuchar y controlar la lengua, te salvarás de mucha ira, contienda y dolor. Aprende el dominio propio y no te enojes fácilmente. La ira no es un fruto del Espíritu Santo y puede hacer mucho daño.

*Abel también presentó al Señor lo mejor de su rebaño, es decir, los primogénitos con su grasa. Y el Señor miró con agrado a Abel y a su ofrenda, pero no miró así a Caín ni a su ofrenda. Por eso Caín se enfureció y andaba cabizbajo. Entonces el Señor le dijo: «¿Por qué estás tan enojado? ¿Por qué andas cabizbajo? Si hicieras lo bueno, podrías andar con la frente en alto. Pero si haces lo malo, el pecado te acecha, como una fiera lista para atraparte (*DHH: *está esperando el momento de dominarte;* PDT: *te estará esperando para atacarte). No obstante, tú puedes dominarlo.»* (Génesis 4:4-7)

Hay una ira justificada y hay una ira sin fundamento alguno. Caín se enojó porque le trajo a Dios una ofrenda inferior y no quiso aceptar la corrección de Dios. Caín abrió una puerta para el pecado, que era una fiera lista para atraparlo. Caín todavía tenía la capacidad de dominarlo y cerrar esa puerta. Su ira injustificada resultó en asesinato y consecuencias drásticas para Caín. Qué imagen, ¿verdad? Satanás está esperando un momento para dominarte por medio de tu enojo. Dios siempre te dará una salida, pero cuando un hombre está enojado, en su orgullo, a menudo no quiere humillarse y cerrar esa puerta.

¿Qué hemos aprendido acerca del enojo?

- Posiblemente es la emoción más fuerte. Puede consumir y destruir. Nos motiva a la acción, pero también puede nublar nuestro juicio.

- La fuente de la mayoría de nuestros problemas con el enojo es la falta de dominio propio y la tendencia a enojarse rápidamente. Dios es lento para la ira, esperando siglos para expresar su ira en el juicio del pecado.

- Dios se enoja por el pecado, y esa ira lo motiva a juzgarlo. Su ira puede ser destructiva, pero su deseo es purificarnos y restaurarnos. Tu ira también puede ser destructiva. No la dirijas a la persona, sino al pecado, al diablo y a sus demonios.

- La ira de Dios es un tema muy común, sobre todo en el Antiguo Testamento. ¿Es parte de tu concepto del carácter de Dios? ¿Has pensado en la posibilidad de que Dios esté enojado? ¿Incluso contigo? Nadie ha visto el alcance de esa ira, pero está por venir.

- Eres hecho a imagen de Dios. La ira es una parte de esa imagen que nosotros reflejamos. La ira en sí misma es buena, pero está torcida por el pecado. No rechaces todo enojo simplemente porque puede causar problemas. Hay un lugar para el enojo en la vida cristiana.

- Dios nos ofrece un modelo de ira que dura un momento, equilibrado por su misericordia que dura para siempre. Una vez que hayas expresado tu enojo, déjalo y perdona a la persona.

- Dios tiene que expresar su enojo y nosotros también tenemos que expresarlo. Puede ser más saludable expresarlo en el gimnasio, en algún trabajo o hablando con Dios; luego puedes dirigir una porción de ese enojo a la persona responsable.

Cómo manejar el enojo

Quiero compartir cuatro consejos bíblicos para ayudarte:

1. Reconócelo. Asume la responsabilidad de tu enojo.

- El enojo es parte de la imagen de Dios en ti. No es malo, pero fuera de control (al igual que el sexo) puede ser muy destructivo.

- El enojo es una señal de que hay algo malo: en una relación, en una situación o dentro de ti mismo. Hay otras emociones que se manifiestan como enojo: depresión, vergüenza, temor o pérdida de control. Examínate cuidadosamente para ver la fuente de tu enojo.

- Separa tiempo para reflexionar sobre la causa del enojo, cómo lo estás manejando y cómo Dios te ayuda a resolverlo. Es bueno escribir estas cosas en un diario, compartirlas y orar con un hermano cristiano que te apoye mientras aprendes a manejarlo.

2. Muchos guardan enojo en sus corazones durante años. Tienes que resolver ese enojo del pasado.

- Colosenses 3 nos instruye a matarlo.

- El enojo puede dar cabida al diablo. Si el enojo ha sido un gran problema para ti, tú puedes tener fortalezas espirituales para derribar. Separa un tiempo para anotar todas las cosas que te han enojado. Entrega cada una a Dios y renuncia a toda cabida del diablo.

- A veces se debe hablar con la persona implicada para resolverlo, pero frecuentemente hace más daño resucitar algo de lo que la otra persona se haya olvidado. Puede ser mejor, con la ayuda de Dios, extinguir ese enojo, dejarlo en sus manos y perdonar a la persona.

3. Estudia Colosenses 3 y 4 y ponlo en práctica. Camina en el poder del Espíritu Santo, revestido con la nueva naturaleza de

Cristo. La ira no es un fruto del Espíritu. Gálatas 5 dice que la ira fuera de nuestro control es un fruto de la naturaleza pecaminosa. Cuanto más experimentes la vida nueva en Cristo, menos problemas tendrás con la ira.

4. Cuando te enojes, sigue lo que dice 2 Corintios 10:3-5:

Aunque vivimos en el mundo, no libramos batallas como lo hace el mundo. Las armas con que luchamos no son del mundo, sino que tienen el poder divino para derribar fortalezas. Destruimos argumentos y toda altivez que se levanta contra el conocimiento de Dios y llevamos cautivo todo pensamiento para que se someta a Cristo.

- Reconoce que es una batalla espiritual. Satanás busca cabida en tu vida.

- Clama a Jesús, pidiéndole ayuda y hablándole acerca de tu enojo.

- Tómate una pausa para analizar la situación y ver los argumentos que no sean de Dios.

- Separa lo que sea la ira justificada y lo que estés llevando de otras situaciones.

- Lleva esos pensamientos cautivos a Cristo, esperando, en oración, por sabiduría para enfrentar a la otra persona o actuar para resolver alguna injusticia. En tu diario, apunta cómo lo estás manejando. No quieres guardar algo en tu corazón y dar cabida al diablo otra vez.

¡Dios quiere darte la victoria! En lugar de negar tu enojo o reprimirlo, Él quiere enseñarte cómo manejarlo bien.

15   Sexo

Ya vimos en Efesios 5:3 que el cristiano ni siquiera debería *mencionar* la inmoralidad sexual o impureza. La triste realidad es que muchos hombres cristianos piensan y hablan sobre el sexo todo el día y llenan sus mentes con impurezas en la televisión e Internet. Es una lucha muy dura, pero tú puedes superar esta tentación. Una de las enseñanzas bíblicas más claras acerca del sexo se encuentra en 1 Corintios 6, del 12 al 20:

Ustedes dicen: «Se me permite hacer cualquier cosa», pero no todo les conviene. Y aunque «se me permite hacer cualquier cosa», no debo volverme esclavo de nada. Ustedes dicen: «La comida se hizo para el estómago, y el estómago, para la comida». (Eso es cierto, aunque un día Dios acabará con ambas cosas.) Pero ustedes no pueden decir que nuestro cuerpo fue creado para la inmoralidad sexual. Fue creado para el Señor, y al Señor le importa nuestro cuerpo. Y Dios nos levantará de los muertos con su poder, tal como levantó de los muertos a nuestro Señor.

¿No se dan cuenta de que sus cuerpos en realidad son miembros de Cristo? ¿Acaso un hombre debería tomar su cuerpo, que es parte de Cristo, y unirlo a una prostituta? ¡Jamás! ¿Y no se dan cuenta de que, si un hombre se une a una prostituta, se hace un solo cuerpo con ella? Pues las Escrituras dicen: «Los dos se convierten en uno solo». Pero la persona que se une al Señor es un solo espíritu con él.

¡Huyan del pecado sexual! Ningún otro pecado afecta tanto el cuerpo como este, porque la inmoralidad sexual es un pecado contra el propio cuerpo. ¿No se dan cuenta de que su cuerpo es el templo del Espíritu Santo, quien vive en ustedes y les fue dado

por Dios? Ustedes no se pertenecen a sí mismos, porque Dios los compró a un alto precio. Por lo tanto, honren a Dios con su cuerpo. (NTV)

Dios tiene mucho interés en tu vida sexual. Él te creó como un hombre. Jesús sabe lo que es ser un hombre: fue tentado en todo como tú y nunca pecó. Él es tu sumo sacerdote, quien puede y quiere ayudarte. Habla con Dios honestamente acerca de tus luchas. Él ya lo sabe todo. No separes tu vida sexual de tu vida espiritual.

La Biblia habla abiertamente sobre el sexo. Cantar de Cantares lo celebra. Efesios 5:31-32 compara la relación íntima de un hombre y una mujer con la relación de Cristo y la iglesia. El misterio de dos personas que son una sola carne es semejante al misterio de la Santa Trinidad: tres personas en uno. Por esa razón, Satanás ha hecho todo lo posible por pervertir y destruir el sexo. La Biblia nos habla de la lucha, la caída y la victoria de varios hombres. Había mucha inmoralidad en la cultura de Roma y Grecia, y ya había invadido la iglesia primitiva.

Lo que esta porción nos enseña

1. Hay libertad en Cristo; hay algunas cosas que no son prohibidas. Pero la cuestión es: ¿es para mi bien? ¿Me conviene? (v. 12)

2. Puedes ser libre de hacer lo que quieras, pero ¿te domina? ¿Llena todos tus pensamientos? Si te domina, es pecado. (v. 12)

3. Dios hizo cada parte del cuerpo con un propósito. Tu cuerpo no es tuyo para abusar de él como quieras. Tu cuerpo es para el Señor y debe ser usado como Él ha planeado. (v. 13)

4. El sexo es solo para esta vida; en el cielo seremos como los ángeles. (Ve Mateo 22:30) Algunos digan: "¿Y eso es un paraíso?" Pero Dios sabe lo que está haciendo.

5. Tu cuerpo es un miembro de Cristo. Piensa cuidadosamente acerca de lo que hagas con un miembro de Jesús. (v. 15)

6. No importa la persona; cuando tienes relaciones con alguien, eres una sola carne con ella. (v. 16)

7. La unión de hombre y mujer es paralela a la unión de Cristo y el creyente. (v. 17)

8. Somos ordenados a huir de la inmoralidad sexual. Cristo nos dará el poder de obedecer su palabra. El problema es que muchas veces no queremos huir; queremos entrar en ella. (v. 18)

9. Hay algo diferente en el pecado sexual; toca a lo más íntimo de un hombre. Pecas contra tu propio cuerpo. (v. 18)

10. Cristo compró tu cuerpo con el precio de su sangre; no eres el dueño de tu cuerpo. (vv. 19-20)

11. Tu cuerpo es un templo del Espíritu Santo. Honra a Dios con tu cuerpo. (vv. 19-20)

Algunas aplicaciones de estos versículos

1. Dios quiere que cada hombre tenga relaciones con una sola mujer de por vida. Así se puede disfrutar de la profundidad de ser "una sola carne". ¿Cómo es posible ser "una sola carne" con 10 mujeres?

    • Todo sexo fuera de la relación comprometida del matrimonio es pecado y te roba la intimidad que

Dios intenta entre tú y tu esposa. Incluye fantasías, masturbación y pornografía.

- Ya sabemos que el adulterio está prohibido en los Diez Mandamientos y el castigo bajo la ley era la muerte.

- Pablo dijo que los adúlteros, fornicarios y pervertidos que siguen practicando su pecado no son salvos (1 Corintios 6:9).

- En lugar de la "libertad" que algunos desean con muchas experiencias sexuales, todo pecado sexual destruye la belleza de la unión sexual.

- Si de verdad amas a tu esposa, deja todo pecado sexual.

2. Muchos hombres viven bajo condena porque no pueden dejar de masturbarse, pero no es el pecado más grave. Aunque la Biblia nunca menciona la masturbación en sí, se le pueden aplicar muchos principios bíblicos.

- No es para tu bien, no te conviene. Te deja vacío, con culpa y alejado de Dios.

- Es fácil ser dominado por la masturbación.

- Impulsa al hombre a pensar aún más sobre el sexo, tener fantasías y usar la pornografía.

- Dios nos da sueños mojados para aliviar la presión física.

- Tú puedes vivir sin sexo. Cristo lo hizo. El testimonio de muchos solteros, reclusos, soldados y otros sin una mujer es que es mucho más fácil caminar sin excitarse con la masturbación, las fantasías y la pornografía.

- El sexo es como un fuego. Muchos hombres siempre le agregan leña a ese fuego. Pero si no es posible tener relaciones con tu esposa, es mejor mantener ese fuego muy bajo.

- Piensa en esto: ¿Estoy honrando a Dios con esto? ¿De verdad quiero hacer esto con un miembro de Cristo?

3. El acceso que tenemos hoy a la pornografía es muy peligroso. A veces las cosas no invitadas llegan en el correo electrónico. Y no es solo Internet; hay muchas imágenes en televisión, revistas... pues tú ya sabes.

- La pornografía es una adicción y es posible que necesites liberación para dejarla. Pon un buen filtro en tu computadora y ten mucho cuidado con Internet.

- Destruye toda la pornografía que tengas, o te destruirá. Completamente adormece el espíritu.

4. Como José en Egipto (Génesis 39:1-20), huye de la tentación sexual. En el momento en que comienzas a discutir y considerar la tentación, ya has perdido la batalla.

5. Memoriza 1 Corintios 10:13: *Las tentaciones que enfrentan en su vida no son distintas de las que otros atraviesan. Y Dios es fiel; no permitirá que la tentación sea mayor de lo que puedan soportar. Cuando sean tentados, él les mostrará una salida para que puedan*

resistir. (NTV) Es posible ganar la batalla contra la concupiscencia.

6. Muchos hombres luchan con la atracción hacia otros hombres. En sí, es una tentación como cualquier otra. La sociedad actual (¡incluso muchas iglesias!) dice que es normal. Está claro que va completamente en contra del plan de Dios para nosotros. No le des ningún lugar al diablo. Dios quiere ayudarte a superar esa tentación y liberarte de esa atracción, pero será una lucha.

7. No somos ciegos — claro que siempre habrá mujeres hermosas. Echa un vistazo, dando gracias a Dios por su belleza y nada más. Hay que entrenar la mente para no codiciar.

   • Ten cuidado con tus compañeros y evita esos lugares (¿la playa?) donde sabes que habrá mucha tentación.

¡Somos hermanos en la batalla! ¡Juntos venceremos! El sexo es una de las grandes bendiciones que Dios te ha dado, pero si no lo usas conforme al diseño divino, puede convertirse en una maldición. Mi oración para ti es que Dios te dé libertad del pecado, para disfrutar de la mujer que Dios te ha dado.

16   EL PODER DEL ESPÍRITU SANTO

Para andar como Cristo, tenemos que crucificar al viejo hombre y renovar la mente. Ya hemos identificado cinco áreas que esa renovación debe tocar. ¿Cómo te va? Estoy seguro de que ya sabes lo difícil que es vivir en santidad, pero tengo buenas nuevas para ti: Dios mismo quiere morar dentro de ti, dándote el poder que tú no tienes. Él te ayuda a vencer el pecado y andar con Jesús.

- ¿Estás caminando en ese poder?
- ¿Estás lleno del Espíritu Santo?
- ¿Quieres experimentar más del Espíritu?

En medio de las diversas exhortaciones y enseñanzas de este pasaje, hay cuatro consejos para ayudarte a experimentar la plenitud del Espíritu:

1. No agravies, no contristes, al Espíritu. (4:30)
2. Cultiva los frutos del Espíritu. (5:9)
3. Anda en la luz. (5:11)
4. Sé lleno del Espíritu, aun borracho con el Espíritu. (5:18)

No entristezcas al Espíritu

4:30 *Y no contristéis al Espíritu Santo de Dios, con el cual fuisteis sellados para el día de la redención.* (RVR)

No agravien al Espíritu Santo de Dios... (NVI)

No entristezcan al Espíritu Santo de Dios con la forma en que viven... (NTV)

El Espíritu Santo es una persona; la tercera persona de la Trinidad.

- Él tiene emociones.
- Él te ama.
- Su propósito es moldearte a la imagen de Cristo y ayudarte a caminar con rectitud.

Por desgracia, en la ignorancia, a menudo agraviamos al Espíritu. Al igual que cualquier persona ofendida, después de un rato, se retira y ya no sientes su presencia ni su poder. Habrá un vacío en tu corazón.

Decide ahora que ya no vas a contristar al Espíritu Santo. Reflexiona cuidadosamente sobre tus actividades. Si eres sensible al Espíritu, podrás discernir cuándo Él está contristado. Todas las obras de la carne en este pasaje y todo pecado lo contristen. ¿Es posible que no sientas su presencia porque Él está agraviado o lo apagaste?

El Espíritu también te selló para el día del Señor, cuando Cristo regrese. Te marca como propiedad de Dios y te da seguridad de tu salvación y la esperanza del cielo.

Cultiva los frutos del Espíritu

5:7 No seáis, pues, partícipes con [los hijos de desobediencia]. 8 Porque en otro tiempo erais tinieblas, mas ahora sois luz en el Señor; andad como hijos de luz 9 (porque el fruto del Espíritu es en toda bondad, justicia y verdad), 10 comprobando lo que es agradable al Señor. (RVR)

No tengan ustedes, pues, ninguna parte con ellos. Ustedes antes vivían en la oscuridad, pero ahora, por estar unidos al Señor, viven en la luz. Pórtense como quienes pertenecen a la luz, pues la luz produce toda una cosecha de bondad, rectitud y verdad. Examinen siempre qué es lo que agrada al Señor. (DHH)

Todos andábamos en la oscuridad, con malos compañeros. Si sigues andando con ellos, permanecerás en las tinieblas. Cuando sigues a Jesús, hay que dejar a esos compañeros y caminar en la luz con hermanos que aman a Cristo. Por supuesto, puedes testificarles acerca de Cristo, pero para experimentar la plenitud del Espíritu, no puedes participar en su estilo de vida. Ellos pueden sentirse incómodos con tu presencia, porque tú andas en la luz y tu luz revela su pecado.

Evalúa cada opción en tu vida a la luz de la Palabra, para ver si le agrada a Dios. Hay algo malo si no hay un deseo profundo de agradarle. Si el Espíritu está presente en tu vida, sus frutos se manifestarán. Aquí, Pablo menciona los frutos de la bondad, la justicia (o rectitud) y la verdad. Gálatas 5 añade los frutos de amor, alegría, paz, paciencia, amabilidad, fidelidad, humildad y dominio propio. Gálatas 5:19 a 21 dice que los frutos de la naturaleza pecaminosa son inmoralidad sexual, impureza y libertinaje; idolatría y brujería; odio, discordia, celos, arrebatos de ira, rivalidades, disensiones, sectarismos y envidia; borracheras, orgías y otras cosas parecidas.

Por sus frutos los conocerán. ¿Cuáles son los frutos de tu vida?

- ¿Andas con compañeros que manifiestan frutos del Espíritu o frutos de la carne?
- ¿Estás andando en tinieblas o en la luz?
- ¿Hay cosas que tienes que esconder de tu esposa o tu pastor?
- ¿Está brillando tu luz a otros?
- Cuando entras en un cuarto, ¿raes la presencia de Jesús?

Si no hay frutos del Espíritu, es una advertencia de que algo está mal. Puedes apagar al Espíritu porque pasas la mayor parte del día en las tinieblas. Diez minutos de devociones, escuchar música cristiana y pasar unas pocas horas en la iglesia cada semana no contrarrestan esas horas en las tinieblas.

Para experimentar la plenitud del Espíritu, anda en la luz

11 Y no participéis en las obras infructuosas de las tinieblas, sino más bien reprendedlas; 12 porque vergonzoso es aun hablar de lo que ellos hacen en secreto. 13 Mas todas las cosas, cuando son puestas en evidencia por la luz, son hechas manifiestas; porque la luz es lo que manifiesta todo.

14 Por lo cual dice:
Despiértate, tú que duermes,
Y levántate de los muertos,
Y te alumbrará Cristo. (RVR)

No tengan nada que ver con las obras infructuosas de la oscuridad, sino más bien denúncienlas, porque da vergüenza aun mencionar lo que los desobedientes hacen en secreto. Pero todo lo que la luz pone al descubierto se hace visible, porque la luz es lo que hace que todo sea visible. (NVI)

No participen en las obras inútiles de la maldad y la oscuridad; al contrario, sáquenlas a la luz. Es vergonzoso siquiera hablar de las cosas que la gente malvada hace en secreto. No obstante, sus malas intenciones se descubrirán cuando la luz las ilumine, porque la luz hace todo visible. (NTV)

Tu vida debe estar tan llena de luz que ni siquiera *hablas* de lo que ellos hacen en secreto. La luz revela su iniquidad. Es vergonzoso aun *mencionar* lo que ellos hacen en las tinieblas. Entonces, ¿cómo vas a ver películas llenas de ellos? ¿Cómo participas en sus chistes? ¿O miras esas cosas en

Internet? Algunos digan: "Pues, tenemos que saber lo que están haciendo en el mundo"." ¡Mentira! Ya sabemos lo suficiente; ¡demasiado!

Hay que reprender y denunciar esas obras infructuosas de las tinieblas. Son inútiles. Son diabólicas y parte de la guerra espiritual en la cual nos encontramos. ¿Cuál es el fruto de ellas?

- ¿El embarazo?
- ¿La cárcel?
- ¿La muerte?
- ¿Enfermedad?

¿Tienes temor de ofender a alguien? Ten en cuenta que no reprendemos a la *persona*, sino a las *obras*. Y no siempre tienes que hacerlo en voz alta; puedes reprenderlas en oración. Si quieres el poder del Espíritu, despiértate y deja que la luz de Jesús brille en tu corazón.

15 Mirad, pues, con diligencia cómo andéis, no como necios sino como sabios, 16 aprovechando bien el tiempo, porque los días son malos. (RVR)

Así que tengan cuidado de su manera de vivir. No vivan como necios sino como sabios, aprovechando al máximo cada momento oportuno, porque los días son malos. (NVI)

En verdad, los días son malos. Es necesario vigilar con diligencia cómo vas, examinándote a ti mismo todos los días. Aprovecha bien el tiempo. ¿Cómo? ¿En los videojuegos? ¿En Internet? ¿En televisión? Actúa como un sabio, no como un necio.

Llénate con el Espíritu

17 Por tanto, no seáis insensatos, sino entendidos de cuál sea la voluntad del Señor. 18 No os embriaguéis con vino, en lo cual hay disolución; antes bien sed llenos del Espíritu, 19 hablando entre vosotros con salmos, con himnos y cánticos espirituales, cantando y alabando al Señor en vuestros corazones; [20] dando siempre gracias por todo al Dios y Padre, en el nombre de nuestro Señor Jesucristo. (RVR)

No actúen tontamente; procuren entender cuál es la voluntad del Señor. No se emborrachen, pues eso lleva al desenfreno; al contrario, llénense del Espíritu Santo. Háblense unos a otros con salmos, himnos y cantos espirituales, y canten y alaben de todo corazón al Señor. Den siempre gracias a Dios el Padre por todas las cosas, en el nombre de nuestro Señor Jesucristo. (DHH)

No actúen sin pensar, más bien procuren entender lo que el Señor quiere que hagan. No se emborrachen con vino, porque eso les arruinará la vida. En cambio, sean llenos del Espíritu Santo cantando salmos e himnos y canciones espirituales entre ustedes, y haciendo música al Señor en el corazón. Y den gracias por todo a Dios el Padre en el nombre de nuestro Señor Jesucristo. (NTV)

Hay dos cosas aquí que apagan al Espíritu y hacen que tu vida sea más difícil:

- Emborracharse con vino. En ello hay disolución y te lleva al desenfreno. ¡Arruinará tu vida! Si tienes problemas con el alcohol, busca ayuda en Alcohólicos Anónimos u otro grupo similar. No había mucha droga ese día, pero lo mismo se aplica a las drogas. ¡Dios quiere liberarte de esa adicción!

- Actuar tontamente. No seas insensato ni actúes sin pensar. Muchas veces no intentamos hacerlo, pero actuamos sin pensar cuidadosamente sobre las consecuencias. Podemos tener prisa. Hombres muy inteligentes pueden hacer cosas estúpidas. Busca a Dios y escucha bien el consejo del Espíritu. Él quiere guiarte y ayudarte a evitar esos errores.

Estas son cosas que facilitan el fluir del Espíritu:

- La voluntad de Dios. Búscala y hazla. La desobediencia apaga el Espíritu. El Espíritu da poder a los que del corazón quieren agradar a Dios y hacer su voluntad.

- Semejante a la persona embriagada que está controlada por el alcohol, es un mandato estar lleno del Espíritu Santo. El borracho busca su bebida y la consume. Jesús habló de beber del Espíritu (Juan 7:37-39). Busca la presencia de Jesús y bebe de su plenitud. El Espíritu es un caballero: no entra en tu vida por la fuerza, sino que espera una disposición abierta y hambrienta. Deja que el Espíritu te llene. Dale la libertad. No te resistas a Él.

- Congrégate y alaba al Señor con tus hermanos. El Espíritu quiere exaltar a Jesús y está muy presente cuando el pueblo de Dios se congrega y lo alaba.

- Canta y adora al Señor todo el día: cuando estés solo, en el trabajo o en casa, canta alabanzas a Jesús en tu corazón.

- Dale gracias a Dios en todas las cosas. Mantén una actitud de gratitud. Murmurar y quejarse apaga el Espíritu. La acción de gracias reconoce la presencia de Dios y afirma tu confianza en su bondad.

La persona llena del Espíritu está gozosa y llena de cánticos y acción de gracias. El Espíritu impacta toda su vida. ¿Quieres ser lleno del Espíritu Santo? Entrega tu vida a Jesús como tu Señor. Confiesa todo pecado y pide perdón a Jesús. Pídele a Dios que te llene con su Espíritu: *Pues si ustedes, aun siendo malos, saben dar cosas buenas a sus hijos, ¡cuánto más el Padre celestial dará el Espíritu Santo a quienes se lo pidan!* (Lucas 11:13)

El puente al próximo paso

²¹Someteos unos a otros en el temor de Dios. (RVR)

Estén sujetos los unos a los otros, por reverencia a Cristo. (DHH)

Es más, sométanse unos a otros por reverencia a Cristo. (NTV)

Este verso es el puente para el próximo paso. Pon en práctica lo que manda. Yo sé que no es natural. Muy pocos en el mundo lo hacen. El viejo hombre quiere mandar, pero en el Espíritu nos sometemos unos a otros. Conscientemente toma la decisión de someterte a tu esposa (sí, ¡incluso a ella!), a tu jefe o a alguien que encuentres durante el día. ¡Hay mucha libertad en eso! ¡Ya no tienes que probarte ni exaltarte a ti mismo!

Este es el final del proceso que comienza con un compromiso con una iglesia local. Es casi imposible lograrlo en la carne, pero con la mente transformada y el viejo hombre crucificado, ya podemos confiar en Dios y someternos a otros, y Dios te llena con el poder de su Espíritu Santo.

Cuando aprendemos a someternos a otros y a humillarnos, entonces tenemos la actitud correcta para entablar una relación íntima y casarnos. Sin el fundamento de la iglesia en el primer paso, y la mente y la vida cotidiana transformadas por el poder del Espíritu Santo en este segundo paso, vamos a tener problemas en el matrimonio. ¿Estás listo para ese paso?

Tercer Paso:

Matrimonio, familia, y trabajo

17 El matrimonio

Efesios 5:21–33

¿Eres como muchos hombres? Abres un libro sobre el matrimonio y vas directamente al capítulo sobre el sexo. Queremos evitar el trabajo duro y pasar directamente al placer. Pero el fundamento (en nuestro caso, participación en una iglesia sana) es muy importante para la transformación de la naturaleza pecaminosa. Tener la mente de Cristo es esencial en las relaciones familiares. Con estos pasos, no es como terminas con uno y, ya, tienes todo arreglado. De hecho, el matrimonio nos muestra la profundidad de nuestro egoísmo y pecado y la necesidad del Espíritu Santo. Y el apoyo de un cuerpo cariñoso de hermanos en Cristo nos ayuda en las pruebas que forman parte del matrimonio.

Con este tema yo sé que estoy entrando a tierra santa: tu hogar es tu castillo. La mayoría de los hombres creen que nadie tiene derecho a decirles cómo comportarse en su propio hogar. Es muy delicado hablar de cosas tan íntimas e importantes, pero es esencial abrirse al Espíritu de Dios y poner la casa en orden, conforme a la Palabra de Dios.

Yo he conocido a muchos hombres bien integrados en sus iglesias, incluyendo pastores. Muchos son modelos de una vida santificada, sin hábitos ofensivos y con autodominio ejemplar. Es decir que han tenido mucho éxito en los primeros pasos al varón perfecto. Pero lamentablemente su progreso se detiene allí. Habla con su esposa o sus hijos: su vida familiar puede ser una pesadilla. No se nota el amor de Cristo en ese hogar; sólo un legalismo rígido. No hay misericordia; solo una mano dura. No es posible ser un varón perfecto si tu familia y tu sexualidad no están en orden.

Finalmente llegamos al tercer paso. ¿Estás listo para el matrimonio? Yo me casé en 1982 y todavía no estoy seguro de si estoy preparado. Claro que yo estaba muy listo cuando me casé, sobre todo para la parte íntima. Aún había escrito y enseñado un curso llamado *Preparándose para el matrimonio*. Si esperamos ser santos antes de casarnos, creo que nadie se casaría. ¿Eres tú soltero? Hay principios aquí que se aplican a todas las relaciones y una orientación importante para un futuro matrimonio. Dios puede usar esto para prepararte para esa mujer especial que Él tiene para ti.

Muchos de nosotros tenemos que arrepentirnos antes de entrar en este lugar sagrado del hogar. Incluso los hombres bien entregados a Dios descuidan su matrimonio y carecen tanto de amor como de perdón. O puede ser el abuso hacia la esposa o los niños, ya sea físico, sexual o emocional. También hay que entrar con un espíritu humilde y enseñable. Dios tiene un plan para la familia. Si hacemos las cosas a nuestra manera, siguiendo el modelo del mundo o incluso el ejemplo de nuestros padres, habrá muchos problemas en el hogar. Hay que separar lo que aprendemos de nuestra cultura o historia familiar de la voluntad de Dios revelada en la Biblia.

Sométanse unos a otros

Entremos, entonces, en el hogar, con el verso que sirve como puente del segundo paso (5:21):

Estén sujetos los unos a los otros, por reverencia a Cristo. (DHH)

La palabra que se aplica a cada relación es sumisión. Primero, sumisión al señorío de Jesucristo. Por naturaleza, somos rebeldes, pero la rebeldía es como el pecado de adivinación (1 Samuel 15:23). Tenemos que someternos a Dios. Esa actitud de sumisión es necesaria en la iglesia también. Nos sometemos a la autoridad de la Biblia y a la autoridad del pastor y otros líderes. Esa misma actitud tiene que impactar toda la vida. Hay personas muy sumisas en la iglesia que pueden ser muy rebeldes en casa. Este mandato se aplica a todas las relaciones. Incluso el esposo tiene que someterse a su esposa, lo que le exige humillarse, con la actitud de Jesucristo que vemos en Filipenses 2:5-8.

La actitud de ustedes debe ser como la de Cristo Jesús, quien, siendo por naturaleza Dios,
*   no consideró el ser igual a Dios como algo a qué aferrarse.*
Por el contrario, se rebajó voluntariamente,
*   tomando la naturaleza de siervo*
*   y haciéndose semejante a los seres humanos.*
Y al manifestarse como hombre,
*   se humilló a sí mismo*
y se hizo obediente hasta la muerte,
*   ¡y muerte de cruz!* (NVI)

Tengan la misma actitud que tuvo Cristo Jesús: Aunque era Dios,
*   no consideró que el ser igual a Dios*
*   fuera algo a lo cual aferrarse.*
En cambio, renunció a sus privilegios divinos;
*   adoptó la humilde posición de un esclavo*
*   y nació como un ser humano.*
Cuando apareció en forma de hombre,
*   se humilló a sí mismo en obediencia a Dios*
*   y murió en una cruz como morían los criminales.* (NTV)

¿Cómo te va con esa actitud? Es casi imposible en la carne. La sumisión solo funciona en el contexto de Efesios 4:18-20:

embriagados del Espíritu Santo. No lo hacemos por temor al cónyuge, sino por temor a Dios, reconociendo que Él nos manda a someternos. Lo hacemos en obediencia, siguiendo el ejemplo de Jesús y por reverencia a Él.

Muchos hombres empiezan su matrimonio con la actitud "yo mando en esta casa". Quieren ser atendidos por su mujer. Por naturaleza, el hombre es orgulloso y egoísta. Te ayuda mucho en el matrimonio aprender a humillarte y someterte a otros, por reverencia a Cristo y confiando en que Él desea lo mejor para ti y tu familia. Como vamos a ver, es cierto que el hombre es la cabeza, pero, por amor, tenemos la libertad de escoger someternos a veces a la mujer. Tú eres la cabeza de tu casa, mi hermano, pero tú no eres la cabeza. Cristo es la cabeza. Si no estás sometido a su señorío, si Cristo no es la verdadera cabeza de tu hogar, vas a tener muchos problemas en el matrimonio. Si tú (o tu esposa) estás andando en las tinieblas, habrá oscuridad en todo el hogar. Tus hijos también sufrirán y serán oprimidos por esa oscuridad. Si tu familia está aislada del apoyo y el ministerio de la iglesia, será como esos niños fluctuantes, con muchos altibajos. Pero si estás lleno del Espíritu y estás creciendo en la iglesia, toda la familia será bendecida.

El plan de Dios para las esposas

22 Las casadas estén sujetas a sus propios maridos, como al Señor; 23 porque el marido es cabeza de la mujer, así como Cristo es cabeza de la iglesia, la cual es su cuerpo, y él es su Salvador. 24 Así que, como la iglesia está sujeta a Cristo, así también las casadas lo estén a sus maridos en todo. (RVR)

Esposas, sométanse a sus propios esposos como al Señor. Porque el esposo es cabeza de su esposa, así como Cristo es cabeza y salvador de la iglesia, la cual es su cuerpo. Así como la iglesia se somete a Cristo, también las esposas deben someterse a sus esposos en todo. (NVI)

Las traducciones nuevas dicen: "sómetanse", porque para muchos hoy en día suena muy fuerte decir que la mujer es «sujeta». Pero en griego, Pablo dice: "estén sujetas". Estos son versos difíciles para las mujeres con maridos abusivos, pero el pecado y el abuso de algunos no niegan la verdad y el mandato que encontramos aquí. El diablo hará todo lo posible para pervertirlo, como lo hace con todo el plan de Dios para nosotros.

Lo qué significa estar sujeta

1. La esposa tiene que estar sujeta a su marido *como está sujeta a Jesús*. Si ella no está sometida a Cristo, será difícil para ella someterse a su marido. Si ella ha aprendido a confiar en Jesús y a sujetarse a Él, será más fácil en el matrimonio.

2. El otro modelo de sumisión es *la iglesia sometida a Cristo*. Allí no hay argumento de que Cristo mande. Somos su cuerpo y tenemos que obedecerle. *De la misma manera*, la esposa tiene que someterse a su marido.

3. Incluye todo. No nos corresponde a nosotros escoger dónde vamos a someternos a Cristo o si nos agrada o no. Y no le corresponde a la mujer decidir si va a obedecer algo o no. El modelo y el mandamiento son: en todo.

4. Hay orden en las cosas de Dios. Cada persona necesita una cabeza. La cabeza de la iglesia es Cristo y Jesús también es la cabeza de cada hombre. La cabeza de la mujer casada es su marido.

5. La relación del marido y su esposa es un reflejo de la relación de Cristo y su iglesia. La iglesia es la manifestación de la presencia de Jesús en el mundo. Cristo murió por nuestra salvación. He escuchado muchas explicaciones de cómo el término cabeza aquí significa "fuente". Algunos teólogos buscan una manera de razonar sobre un matrimonio igualitario. Pero es de sentido común: tu cabeza, tu cerebro, dirige todas las funciones de tu cuerpo. La cabeza de una organización dirige la obra de ese grupo. Cristo tiene autoridad y dirige su cuerpo, la iglesia. Así, el hombre tiene autoridad y responsabilidad como cabeza de su hogar.

6. Eso no da poder ilimitado al hombre. No es una cuestión de superioridad o inferioridad; es una actitud del corazón de una mujer humilde que ama al Señor y a su esposo. Malinterpretamos el corazón de Pablo o de Jesús si creemos que la sumisión es un cheque en blanco para que el hombre controle a su esposa o la maltrate.

7. Claro que Cristo es el único Salvador, pero Pablo menciona el papel de Cristo como el Salvador de su iglesia, que insinúa la abnegación del marido, y su parte en la santificación de su mujer, la cual vamos a ver en los versos siguientes.

La esposa debe respetar a su marido

La única otra palabra para la mujer está en el verso 33: *la mujer respete a su marido* (RVR).

Esa palabra significa reverencia, honra y preferencia. La mujer lo estima, lo admira y lo alaba. El hombre necesita el respeto y honor de su mujer. Claro que ella no lo alaba como alabamos al Señor. Algunas mujeres pueden temer que eso lo hará aun más orgulloso, pero si él tiene un verdadero amor por ella y una actitud de sumisión, ese honor es el apoyo que él necesita. Y tú, mi hermano, debes andar *digno* de su respeto y de tu vocación como esposo. Algunos lo hacen muy difícil para la mujer.

La parte del marido

[25] *Maridos, amad a vuestras mujeres, así como Cristo amó a la iglesia, y se entregó a sí mismo por ella.* (RVR)

¿Es más fácil ser cristiano o ser Cristo? Es cierto que Cristo tiene más poder y autoridad, pero esa autoridad siempre tiene un precio. Nosotros solo tenemos que aceptar el don de la salvación; Cristo sufrió en la cruz y nos suministra todo lo que necesitamos. Así que, de verdad, yo creo que Cristo tiene la parte mucho más difícil.

Primero, el marido tiene que amar a su mujer. La palabra aquí para amor es *ágape*, el amor incondicional que Dios tiene para nosotros. Otra vez, Cristo es el modelo para el matrimonio. Si quieres una guía sobre cómo ser marido, estudia cómo Cristo se relacionaba con la gente. Jesús era muy fuerte solo con los hipócritas. Con los "pecadores", con los enfermos y con la gente común, era tierno. Y Jesús dijo que la cabeza, el líder, debe ser un siervo. Muchos hombres quieren que su esposa les sirva, pero nosotros, los hombres, tenemos que servir a nuestras esposas.

Sí, la parte más difícil es para el hombre. Cristo se entregó y se negó a sí mismo por nosotros. El esposo tiene que sacrificarse por su mujer. Hay que sacrificar nuestros deseos y morir a nosotros mismos por el bien de ella. Siempre piensa en ella antes que en ti mismo. El énfasis para el hombre no es su autoridad, sino su amor y servicio.

Ya sabemos que en nuestra fuerza no podemos amar como Cristo. Es el poder de Cristo en nosotros el que nos ayuda a caminar con Dios. Cristo tomó la iniciativa de amarnos y esa es la responsabilidad del hombre. Ella responde a tu amor con una sumisión voluntaria. No dice nada de la mujer que ama a su marido, aunque claro que ella debe hacerlo. Lo más difícil para ella es someterse y respetarlo. Es fácil para el hombre mandar en el hogar; es su naturaleza. Pero a veces el hombre tiene que someterse a los deseos de su esposa, en amor. Lo difícil para él es superar su egoísmo natural y sacrificarse a sí mismo.

Entonces, ¿qué significa amar a tu esposa? Supongo que ya has descubierto que no tienes en ti el amar como Cristo. Es su poder en ti lo que te permite ser como Cristo y amar. Podemos pensar que somos grandes amantes, pero mi observación es que la mayoría de los hombres saben muy poco acerca de cómo realmente amar a una mujer. Va mucho más allá de la cama. Cristo tomó la iniciativa de amarnos y es nuestra responsabilidad como hombres hacer lo mismo. Dios diseñó a la mujer para responder a ese amor con una sumisión voluntaria. No la exigimos; es algo entre ella y su Señor. Pablo no habla de cómo la mujer debe *amar* a su marido, aunque es evidente que debería hacerlo. Someterse y respetar a su marido es lo más difícil para ella.

Hermano, ¿estás dispuesto a sacrificar cualquier cosa por ella? ¿Buscas su felicidad como lo más importante?

[26] *para santificarla, habiéndola purificado en el lavamiento del agua por la palabra,* [27] *a fin de presentársela a sí mismo, una iglesia gloriosa, que no tuviese mancha ni arruga ni cosa semejante, sino que fuese santa y sin mancha.* (RVR)

A fin de hacerla santa y limpia al lavarla mediante la purificación de la palabra de Dios. Lo hizo para presentársela a sí mismo como una iglesia gloriosa, sin mancha ni arruga ni ningún otro defecto. Será, en cambio, santa e intachable. (NTV)

Una visión para tu esposa

Estos versículos hablan de lo que Cristo hizo por nosotros, pero también de lo que un hombre debe hacer por su esposa. Cristo tiene una visión clara para su iglesia y está trabajando arduamente para moldearnos a esa visión. Mi hermano, ¿tienes una visión para tu mujer? ¿Para tus hijos? ¿Para tu familia? No estoy hablando de una visión de ella bien arreglada como una modelo. Cuando tú viniste a Cristo, ¿ya estabas limpio y bien parecido? ¡No! Estabas sucio y quebrantado, pero Cristo tuvo una visión de una vida nueva para ti. De la misma manera, en este momento tu mujer puede estar muy abatida y bastante lejos de tu visión, pero medita bien en esa visión, ora por ella y ten fe en que Dios está trabajando contigo para llevarla a cabo. Esta visión debe ser conforme a la palabra de Dios. ¿Qué es el propósito de Dios para ella? ¿Cuál es su vocación?

Santifícala como Cristo santifica a la iglesia

Cristo nos santifica. ¿Cómo? Lavándonos en su sangre y en su palabra. Tú también quieres que tu esposa sea santificada. Tienes que ministrarle la Palabra y hacer todo lo posible para ayudarla a caminar en santidad. Parece increíble, pero algunos hombres no quieren que sus esposas sean demasiado santificadas. ¡Pueden temer que van a perderme a Cristo!

Cristo trabaja para presentar la iglesia a sí mismo. Después de todas sus labores y todo su sacrificio, Cristo quiere una iglesia gloriosa, sin mancha ni arruga, santa y pura. Y así también es tu responsabilidad laborar para presentar a tu mujer a Cristo. ¿Sabes, mi hermano, que algún día rendirás cuentas a Cristo, cara a cara con tu Señor? Tú puedes decirle: "Mira este gran ministerio que he levantado y el templo hermoso de esta iglesia." Y el Señor te diga: "Está bien, pero quiero ver a tu esposa; preséntamela." Con mucho gozo y orgullo entonces debes presentarle a una mujer gloriosa, quien ha prosperado bajo tu amor y cuidado. ¡Qué gran pecado es abusar de ese tesoro, ya sea físicamente o con tus palabras!

28 Así también los maridos deben amar a sus mujeres como a sus mismos cuerpos. El que ama a su mujer, a sí mismo se ama. 29 Porque nadie aborreció jamás a su propia carne, sino que la sustenta y la cuida, como también Cristo a la iglesia, 30 porque somos miembros de su cuerpo, de su carne y de sus huesos. 33 Por lo demás, cada uno de vosotros ame también a su mujer como a sí mismo. (RVR)

Esposa feliz, vida feliz

Somos una sola carne. Qué pena que algunos hombres se cuiden bien, con ropa muy elegante y las últimas modas, pero no cuiden así a sus esposas. Hay un dicho en inglés: "Happy wife, happy life" – si la mujer está feliz, la vida será feliz. Todo lo que afecta a tu cónyuge también te afecta a ti.

Lo mejor que puedes hacer por ti mismo es amar y cuidar a tu esposa. Si la descuidas, estás descuidándote a ti mismo. Hay algunos matrimonios enfermos porque el hombre no los cuida bien. Lamentablemente, a menudo es la mujer quien más se preocupa por el matrimonio. Debería ser el hombre. Tenemos que sostener a la mujer emocionalmente. Muchos la sustentan con dinero, alimento y las cosas que necesita, pero ella puede estar hambrienta emocionalmente.

Mira cuán íntima es la relación de Cristo con nosotros:

- Somos miembros de su cuerpo
- Miembros de su carne
- Miembros de sus huesos

Y, otra vez, esa es una imagen del matrimonio. Esto es algo muy espiritual, algo muy difícil de hacer en la carne, en nuestra fuerza. Es algo sagrado: refleja al mundo la relación de Cristo y su iglesia. ¡Es por eso que Satanás ataca al matrimonio tan ferozmente!

Hay gran seguridad aquí para los dos, y por esa razón, el matrimonio es tan importante. Hoy en día está de moda convivir sin casarse. No es solo una cuestión de lo que sea legal, sino de honrar al Señor y confirmar tu compromiso con esa mujer ante Él y en presencia de su cuerpo, la iglesia.

Un gran misterio: Una sola carne

31 *Por esto dejará el hombre a su padre y a su madre, y se unirá a su mujer, y los dos serán una sola carne.* 32 *Grande es este misterio; mas yo digo esto respecto de Cristo y de la iglesia.* (RVR)

Es tan profundo que Pablo lo llama un misterio. No es posible comprender completamente cómo es posible estar tan unidos con Cristo y no es posible comprender la intimidad que tienen un hombre y una mujer. ¡Tal vez tú ya sepas que tu mujer y tu matrimonio son misterios! El hombre se unirá a su mujer, y serán una sola carne. Nos gusta ser una sola carne con ella. Esto hace que el sexo sea algo profundamente espiritual y hermoso. Pero va más allá del sexo y debe incluir intimidad emocional y espiritual. Cristo dijo: lo que Dios ha unido, ningún hombre debe separar (Mateo 19:6). ¿Cómo es posible ser una sola carne con varias mujeres? El matrimonio es para toda la vida. El divorcio quebranta el corazón de Dios y Él lo odia.

Es el hombre que tiene que dejar a su padre y a su madre. ¿Sabes que hay muchos hombres que nunca han dejado a mamá? Claro que siempre amamos a nuestras madres, pero tu esposa y tu madre tienen que saber que tu esposa ocupa el primer lugar en tu vida. Si siempre le das preferencia a tu madre, estás destruyendo tu matrimonio. Ya tienes a tu propia familia y hogar. La mujer también tiene que dejar a su familia; es un problema cuando ella siempre está muy pegada a mami.

Recuerda que necesitas la unción del Espíritu Santo para recibir poder para amar y ser como Cristo. Dale a la iglesia el lugar que le corresponde, pero no debe abrumar el matrimonio. Algunos hombres escapan de la iglesia para evitar sus responsabilidades como maridos. Y no seas celoso del tiempo que tu mujer dedique a la iglesia. Trabajen juntos y busquen a Dios para decidir la parte que Dios quiere que la iglesia tenga en su familia.

¿No es maravilloso el plan de Dios para el matrimonio? No es fácil y no he conocido a muchas parejas que lo estén experimentando. Muchos quieren hacer ajustes al plan de Dios para acomodar la cultura o su forma de pensar. Pero, ¿tienes la fe de que Dios sabe lo que es mejor para tu matrimonio? ¿Tienes la fe de que puede funcionar en lo tuyo? Comienza a amar a tu esposa como Cristo ama a la iglesia. Niégate a ti mismo y entrega tu vida por ella. Las cuestiones de sumisión, el respeto y el sexo se resolverán por sí mismas, y el poder de Dios estará suelto para tener un matrimonio mucho mejor que todos tus sueños.

18   La familia y el trabajo

Tus hijos necesitan una familia de fe para criarlos en los caminos del Señor. No solo en tu hogar (aunque un hogar cristiano es de suma importancia), sino también en la familia de una iglesia sana que funcione conforme al plan revelado en Efesios 4. Esa experiencia debe servir para establecer a la iglesia como una parte integral de su vida, por toda su vida. Los niños que sufren en una iglesia muy legalista o hipócrita son mucho más propensos a rechazar la iglesia (y a Cristo) como adolescentes.

También tiene un gran impacto en tus hijos el ejemplo de un padre santificado y honesto, con una relación viva con Jesús y los frutos del segundo paso. Tú necesitas ese poder del Espíritu Santo para discernir la voluntad de Dios para tu familia y guiarlos con su sabiduría.

Después de tu relación con Jesús, quizás lo más importante que puedas hacer por tus hijos es amar a su madre, conforme a la Palabra que ya estudiamos en Efesios 5. Los niños necesitan la seguridad de un padre que ama a su madre y una madre que honra a su padre. Si la mujer es rebelde o manipula a su marido, los hijos seguirán ese ejemplo. Así que, para progresar en este tercer paso, lo más importante es un buen matrimonio que guarde a tus hijos del golpe devastador del divorcio y te ayude a resistir la tentación de la infidelidad o la pornografía.

Dentro de este tercer paso también hay un orden: primero tu esposa, segundo tus hijos y tercero tu trabajo. Pocos hombres dirían que su trabajo es más importante que su familia, pero al dedicar la mayor parte de su tiempo y esfuerzo al trabajo, están traicionando ese orden.

Los hijos

1Hijos, obedeced en el Señor a vuestros padres, porque esto es justo. 2Honra a tu padre y a tu madre, que es el primer mandamiento con promesa; 3para que te vaya bien, y seas de larga vida sobre la tierra. (RVR)

Los hijos también tienen que someterse y obedecer a sus padres. Pablo no usó la palabra obedecer para la esposa, pero para los hijos la obediencia es justa y agrada al Señor. Los obedecen en el Señor: no están obligados a desobedecer a Dios para obedecerlos (aunque un niño pequeño no tiene esa opción ni sabe lo que se requiere para obedecer a Dios), y no justifica la desobediencia a padres que no son cristianos. El hecho es que puede ser aún más importante obedecerlos, como un testimonio de su fe en Jesús.

Los hijos adultos no tienen que subordinarse a padres dominantes. Los hijos obedecen a sus padres mientras estén bajo su cuidado, pero los honran (que significa mostrar respeto y amor) por toda la vida. Es posible obedecer sin honrar. Todos debemos honrar a los ancianos, algo que estamos perdiendo en el mundo de hoy.

La relación entre padres e hijos es muy importante para Dios. Él es nuestro Padre y nosotros somos sus hijos. Tu familia debe reflexionar sobre la relación que tienes con tu Padre celestial. También es uno de los Diez Mandamientos. Hay una promesa para ti si obedeces y honras a tus padres: te irá bien y tendrás una larga vida. Bajo la ley, el castigo para un hijo que maldice a sus padres era la muerte (Levítico 20:9). ¡Muchos niños morirían hoy si todavía obedeciéramos ese mandato! Hay un gran problema con niños rebeldes, pero parte de la culpa está en los padres.

⁴ *Y vosotros, padres, no provoquéis a ira a vuestros hijos, sino criadlos en disciplina y amonestación del Señor.* (RVR)

Padres, no hagan enojar a sus hijos con la forma en que los tratan. Más bien, críenlos con la disciplina e instrucción que provienen del Señor. (NTV)

- No provoques a ira a tus hijos.
- No hagas cosas para frustrarlos.
- No los irrites.
- No tengas expectativas demasiado altas y no seas demasiado severo; en cambio, críalos con disciplina y en la amonestación del Señor. Ten cuidado de no disciplinarlos por frustración o enojo.
- Necesitan tu consejo. Una relación saludable es aun más importante que el buen comportamiento.

Lo confieso: me gustaba provocar a mi hijo, casi como a veces provoco a mi perro. Creo que era una manera de relacionarse con él, como hombre a hombre. Lo he observado en muchos padres varones. La verdad es que muchos de nosotros no sabemos muy bien cómo relacionarnos con nuestros hijos. Aquí también es responsabilidad de la iglesia orientar y apoyar a los padres. Hay pocas oportunidades en la mayoría de las iglesias para que los hombres se reúnan y compartan sus inquietudes, fracasos y éxitos como padres y oren unos por otros. Las mujeres platican mucho acerca de sus hijos, pero es raro que los hombres hablen con otros hombres sobre sus hijos. Toma la iniciativa y arriesga compartir con un hermano en Cristo o con tu padre o un hermano de sangre. Lee libros. Habla con tu esposa acerca de sus experiencias y temores como madre y tus sentimientos como padre. Oren juntos por sus hijos.

Tus hijos te necesitan mucho. Solo quieren tu tiempo y tu atención. No tienes que ser un experto; todos estamos aprendiendo. No le dejes toda la disciplina a tu esposa. Juntos, establezcan una política de disciplina y sígala. Mantengan un tiempo devocional diario como familia y enséñales la Palabra de Dios. Es parte del gran *Shema* de Deuteronomio 6:4-9.

> *Oye, Israel: Jehová nuestro Dios, Jehová uno es. Y amarás a Jehová tu Dios de todo tu corazón, y de toda tu alma, y con todas tus fuerzas. Y estas palabras que yo te mando hoy, estarán sobre tu corazón; y las repetirás a tus hijos, y hablarás de ellas estando en tu casa, y andando por el camino, y al acostarte, y cuando te levantes. Y las atarás como una señal en tu mano, y estarán como frontales entre tus ojos; y las escribirás en los postes de tu casa, y en tus puertas.* (RVR)

Es interesante que Pablo no tenga ninguna palabra para las madres. Yo creo que si el hombre hace su parte, es muy natural que la mujer haga su parte como madre.

Cómo prosperar en tu trabajo

⁵ *Siervos, obedeced a vuestros amos terrenales con temor y temblor, con sencillez de vuestro corazón, como a Cristo;* ⁶ *no sirviendo al ojo, como los que quieren agradar a los hombres, sino como siervos de Cristo, de corazón haciendo la voluntad de Dios;* ⁷ *sirviendo de buena voluntad, como al Señor y no a los hombres,* ⁸ *sabiendo que el bien que cada uno hiciere, ése recibirá del Señor, sea siervo o sea libre.* (RVR)

Esclavos, obedezcan a sus amos terrenales con profundo respeto y temor. Sírvanlos con sinceridad, tal como servirían a Cristo.

Traten de agradarlos todo el tiempo, no sólo cuando ellos los observan. Como esclavos de Cristo, hagan la voluntad de Dios con todo el corazón. Trabajen con entusiasmo, como si lo hicieran para el Señor y no para la gente. Recuerden que el Señor recompensará a cada uno de nosotros por el bien que hagamos, seamos esclavos o libres. (NTV)

Se puede traducir la primera palabra, siervos, o esclavos. La triste realidad es que había esclavos en esa época y los cristianos también tenían esclavos, como aprendemos en la carta de Pablo a Filemón. Esto no condona ni condena la institución de la esclavitud. La iglesia primitiva no prohibió a los cristianos tener esclavos, ni aconsejó a los esclavos que huyeran o se rebelaran contra sus amos.

Estos son principios para todo trabajador. El testimonio de muchos cristianos confirma que el Señor te prospera en tu trabajo si sigues estos consejos. Por esa razón, muchos jefes dan preferencia a los cristianos. Saben que no roban ni usan alcohol ni drogas, y que son muy trabajadores.

- Aquí, también, lo más importante es una actitud de sumisión y respeto. Obedece a tu patrón con temor, respeto, sencillez y sinceridad de corazón. Obedécele como a Cristo, de buena voluntad y con entusiasmo (si no es algo ilegal o contrario a la Palabra de Dios).

- Tú eres un esclavo de Cristo. Si traes esa misma actitud a tu trabajo, te ayudará mucho. En tu trabajo aprendes a servir, a confiar en Dios y a demostrar los frutos del Espíritu.

- Trabajas para agradar a Cristo. Él sabe todo lo que haces en tu trabajo. Hoy en día es muy común gastar mucho tiempo en el teléfono o la computadora. Sirve a tu jefe como si estuvieras sirviendo a Cristo. Haz la voluntad de Dios desde el corazón, para que el jefe confíe en ti.

- Tu recompensa puede no ser mucha ni justa, pero Dios tiene una recompensa para ti, mucho mejor que tu salario terrenal. Él sabe cómo estás trabajando y todo lo que está sucediendo en tu empleo. Confía en que, en su tiempo, Él te exaltará y te liberará de la esclavitud al patrón o de un trabajo muy duro. Dale gracias a Dios por el trabajo que tienes y la oportunidad de servirle allí. Si estás desempleado, confía en Él para un buen trabajo.

Dios te bendecirá si trabajas bien y glorificas su nombre. Tómate un momento para evaluar tu empleo actual:

- ¿Estás usando tus talentos?
- ¿Estás en un trabajo honesto que ayuda a la gente?
- ¿Ha puesto Dios un deseo en tu corazón para otro trabajo?
- ¿Debes tomar clases para prepararte?

A veces cuesta trabajo buscar un empleo mejor, pero puede ser la voluntad de Dios para ti. Ora por un posible cambio de tu trabajo.

Los amos

[9] *Y vosotros, amos, haced con ellos lo mismo, dejando las amenazas, sabiendo que el Señor de ellos y vuestro está en los cielos, y que para él no hay acepción de personas.* (RVR)

Y ustedes, amos, correspondan a esta actitud de sus esclavos, dejando de amenazarlos. Recuerden que tanto ellos como ustedes tienen un mismo Amo en el cielo y que con él no hay favoritismos. (NVI)

Con Dios no hay acepción de personas; no tiene favoritos. Somos iguales delante de Dios; nadie es más importante que otro. Tienes que rendir cuentas a Dios por cómo tratas a tus trabajadores. Observa todas las normas de un sirviente y deja de amenazarlos. No seas duro con ellos, porque están sirviendo al mismo Señor. Si tienes el privilegio de emplear a otros, modela a Jesucristo para ellos y sé fiel para guardar sus enseñanzas. Hace años, los propietarios corporativos tenían un interés genuino en sus empleados, sus familias y la comunidad. Hombres como Henry Ford y George Eastman de Kodak eran ejemplos de esta actitud. Hoy en día, no piensan mucho en los empleados – solo que trabajen para que la corporación gane más dinero. Sé diferente; toma un interés genuino en ellos.

La familia y el trabajo ocupan la mayor parte de la vida de un hombre. Si no pones en práctica esta Palabra de Dios, nunca llegarás al varón perfecto. Este tercer paso no es fácil; es un campo de batalla. Sin los dos primeros pasos, será casi imposible. No hemos dedicado mucho espacio a este paso, pero tal vez sea lo más difícil de poner en práctica. Si no tienes a tu familia y tu trabajo ordenados conforme a la voluntad de Dios, estarás muy vulnerable en la guerra que tienes que superar en el cuarto paso para finalmente llegar al varón perfecto.

Cuarto Paso:

Victoria en la Guerra Espiritual

19   ¡GUERRA!

EFESIOS 6:10–11

Durante miles de años, el hombre ha dejado a su familia para ir a la guerra. Muchos nunca volvieron a casa. Doy gracias a Dios de que yo era joven durante la guerra en Vietnam y no he tenido esa experiencia de guerra. Mi padre sirvió en la Segunda Guerra Mundial, en Australia, y siempre dijo que le hizo un hombre. Estoy seguro de que hay verdad en eso. Hoy estamos muy cómodos y perezosos. Preferimos pelear con enemigos en un videojuego; no queremos sufrir en una guerra real.

Para dar este último paso al varón perfecto, dejamos la tranquilidad del hogar para el campo de batalla (aunque, lamentablemente, el hogar también puede ser un campo de batalla). Dios quiere entrenarte para esta batalla, ya sea en casa o con las fuerzas de maldad en el mundo.

Con razón esta porción llega al final de Efesios, como el último de estos cuatro pasos. Se necesita una medida de madurez para entrar en la guerra. ¿Recuerdas cuando Israel salió de Egipto? Dios los envió al desierto, por una ruta más larga, porque sabía que no estaban listos para la guerra.

Ya hemos visto tres áreas donde Dios nos prepara para este último paso:

- El primer paso es ser parte de una iglesia viva y llena del Espíritu. El cristiano solitario es un blanco para Satanás. Tu pastor y el cuerpo de Jesucristo te ofrecen mucha protección contra sus ataques.

- Entonces, tenemos que andar en santidad. Oigo una y otra vez a alguien que sufre bajo la opresión del diablo. Toda su vida es una lucha. Pero cada día escucha la música del mundo. Llena su mente con televisión y películas. Visita páginas web que ningún cristiano debería visitar. La mayoría de sus amistades no son salvas. ¡Claro que habrá una opresión diabólica en su vida.

- En el tercer paso, vimos la importancia del orden en tu vida familiar. Si el matrimonio es sólido, habrá muchas menos tentaciones. La familia es muy importante para nuestra salud espiritual.

Si todo está bien en estas áreas, tendrás mucha más victoria, pero todavía estás en una guerra y necesitas armas y armadura. Así llegamos al capítulo 6 de Efesios.

Fortalécete en el Señor

[10] *Por lo demás, hermanos míos, fortaleceos en el Señor, y en el poder de su fuerza.* (RVR)

Y ahora, hermanos, busquen su fuerza en el Señor, en su poder irresistible. (DHH)

¿Conoces a algún hombre que quiera ser débil? Claro que no. ¡Todos queremos ser fuertes! Pero esta fuerza no es carnal. No recibimos esta fuerza haciendo mucho ejercicio, aunque es bueno hacerlo. Esta fuerza viene del Señor. Es el poder de *su* fuerza, *su* gran poder irresistible. Pablo ya habló de la inmensidad de este poder en el capítulo 1.

¿Cómo se fortalece? Bueno, ¿cómo te fortaleces en la carne? En el gimnasio, con pesas y con buen alimento, ¿verdad? Así es en el Espíritu también. Ocúpate con las cosas del Señor. Ejercita tu fe. Lleva esas cargas pesadas. El Señor está dándote más pesas para hacerte más fuerte. Mantén una dieta llena de la Palabra de Dios.

¡Qué lástima ser parte de una iglesia sólida, tener a la familia en orden y andar en la luz – y aún estar débil en el Señor! Ya es tiempo para fortalecerte. Dios te quiere fuerte.

Tu armadura

[11] *Vestíos de toda la armadura de Dios, para que podáis estar firmes contra las asechanzas del diablo.* (RVR)

Pónganse toda la armadura de Dios para poder mantenerse firmes contra todas las estrategias del diablo. (NTV)

El diablo te está atacando ahora mismo. Es posible que estés herido y sufras en esa batalla. Si no llevas puesta la armadura, eres muy vulnerable y serás como ese niño inestable, con muchos altibajos. No habrá estabilidad en tu vida.

Todos tenemos que aprender a usar esta armadura. Vístete cada día con ella. No sales de tu casa en ropa interior, ¿verdad? Pues, no empieces el día sin tu armadura espiritual. La necesitas todos los días. No hay un día de descanso en esta batalla. La Biblia no nos ordena buscar a Satanás ni comenzar una pelea con él. Cristo no buscaba a gente endemoniada. De hecho, ellos fueron quienes lo buscaron: Cállate. Pablo tampoco buscó una pelea. Ten cuidado con aquellos que quieren batallar contra Satanás. Dios no necesita hombres confiados en sí mismos para reprender a Satanás. Cuando llega el diablo, hay que resistirlo y usar esta armadura. Entonces lo reprendemos en el nombre de Jesús.

Acuérdate de lo más importante: si estás andando en la luz, en una buena iglesia y lleno del Espíritu Santo, será difícil para Satanás tocarte.

El consejo aquí es estar firme y resistir al diablo, asegurado en tu identidad en Cristo. Estás sentado con Cristo en el cielo, en una posición de poder y autoridad. Cristo ya venció al diablo en la cruz. Solo tienes que perseverar.

Algunos descuidan su relación con Dios. El día en que te encuentres un poco débil es el día en que Satanás te atacará. No tiene misericordia. Siempre está observándote. Él espera ese día cuando no vayas a la iglesia o estés cansado o enfermo; cuando hayas pasado unos días sin comunión con el Señor o estés vacilando. ¡Ten cuidado! Es como un león rugiente, buscando a quien devorar.

¿Conoces las estrategias del diablo para destruirte? ¿Para destruir tu familia? ¡Despiértate! Él funciona en artimañas, engaños y asechanzas. Fortalécete en el Señor y en el poder de sus fuerzas. Y proclama en voz alta:

Mi Dios, te doy gracias porque estoy sentado en lugares celestiales. Tengo una posición de autoridad. Tengo autoridad sobre el enemigo porque estoy en Cristo y Cristo está en mí. Me paro firme sobre tu Palabra, la sangre de Jesucristo y su victoria en la cruz. Gracias porque soy más que vencedor en Cristo. En el nombre de Jesús, amén.

20 LA NATURALEZA DE LA BATALLA

EFESIOS 6:12-13

¹² *Porque no tenemos lucha contra sangre y carne, sino contra principados, contra potestades, contra los gobernadores de las tinieblas de este siglo, contra huestes espirituales de maldad en las regiones celestes.* (RVR)

Pues no luchamos contra enemigos de carne y hueso, sino contra gobernadores malignos y autoridades del mundo invisible, contra fuerzas poderosas de este mundo tenebroso y contra espíritus malignos de los lugares celestiales. (NTV)

Ésta es la verdadera naturaleza de tus batallas. Te guste o no, estás en una guerra. Si andas en la carne, vas a guerrear según la carne. Ésta es una batalla espiritual; tenemos que guerrear con armas espirituales y seguir a nuestro comandante en jefe, Jesucristo. Tenemos que guerrear conforme a sus órdenes y su plan de batalla revelado en la Biblia. Una parte muy importante de ese plan es la iglesia. Es muy peligroso entrar en esta batalla solo. Necesitas el apoyo de otros hermanos—gracias a Dios, somos parte de un gran ejército.

Satanás viene como un ángel de luz, un lobo vestido como un cordero manso. ¡Abre tus ojos! Tu enemigo no es tu cónyuge ni el jefe en tu trabajo ni tu suegra. Es un engaño del diablo que te hace pelear con otras personas. Hay otro mundo espiritual e invisible de principados, potestades, gobernadores de las tinieblas y huestes espirituales de maldad en las regiones celestes—es decir, espíritus malignos. Hay demonios organizados como un ejército bajo Satanás, con principados sobre países, pueblos y familias. Ora para discernir cuáles son los principados con los que tú estás batallando. Nómbralos si puedes y toma autoridad sobre ellos en el nombre de Jesús. Ten cuidado de entrar en una batalla demasiado intensa. El contraataque puede ser devastador si no tienes suficiente gente ungida batallando contigo. No pierdas tu tiempo ni tu fuerza peleando con otras personas—se gana esta batalla de rodillas.

Nuestra armadura

13 Por tanto, tomad toda la armadura de Dios, para que podáis resistir en el día malo, y habiendo acabado todo, estar firmes. (RVR)

Por lo tanto, pónganse toda la armadura de Dios, para que cuando llegue el día malo puedan resistir hasta el fin con firmeza. (NVI)

Vivimos en esta difícil época entre la victoria de Cristo en la cruz y la plena manifestación de su reino cuando Él regrese. Hay una temporada de paz en tu vida, pero el mensaje aquí es: hay que aprender ahora cómo usar tu armadura y resistir al enemigo, porque hay días muy malos por venir. Si no estás preparado, no podrás resistir y caerás en la batalla.

Dios te ha dado todo lo que necesitas para resistir y prevalecer contra las fuerzas del maligno. Es posible estar firme en el Señor a pesar de los ataques brutales del diablo. Dios ya ha hecho su parte: te ha dado la armadura y las armas que necesitas. Ahora tú tienes que hacer tu parte. Tú puedes tener las mejores armas, pero si no sabes cómo usarlas o si están en casa cuando tú estás en la calle, son inútiles. Tú tienes que ponerte la armadura.

Otra vez quiero enfatizar algo importante: no vemos que Pablo nos aconseje buscar pelea con el diablo. Satanás vendrá y te atacará. Dios te protege de sus ataques y te da la fuerza para resistir. Tu parte es permanecer firme.

¿Estás firme ahora mismo? ¿O estás vacilando, con dudas y desánimo? En los siguientes capítulos vamos a estudiar cada parte de tu armadura. ¿Te has puesto esa armadura? ¿Cómo ha estado tu experiencia con ella? ¿Estás en una lucha contra sangre y carne? ¡Ten mucho cuidado! Párate y busca al Señor por su dirección. No quieres lastimar a un ser querido o gastar tu fuerza en un boxeo de sombra. ¿Estás resistiendo un ataque del diablo? ¿O ya te has dado por vencido? ¿Estás cansado de resistir? ¡Coge fuerzas nuevas! ¡Vale la pena resistir! ¡El Señor te ayudará!

21 TU ARMADURA: LA VERDAD Y LA JUSTICIA

EFESIOS 6:14

He estado leyendo el capítulo 6 de Efesios durante más de cuarenta años. Lo he predicado muchas veces. Yo sé lo importante que es llevar la armadura, pero la verdad es que todavía tengo una inquietud: no me estoy aprovechando de ella como podría. Creo que para muchos creyentes hay incertidumbre sobre el significado exacto de cada parte. Es por eso que quiero dedicar bastante tiempo profundizando sobre cada una.

14 Estad, pues, firmes, ceñidos vuestros lomos con la verdad, y vestidos con la coraza de justicia. (RVR)

Defiendan su posición, poniéndose el cinturón de la verdad y la coraza de la justicia de Dios. (NTV)

El objetivo aquí no es la preparación para guerrear, sino lo necesario para estar firme y defenderse contra los ataques de las fuerzas del maligno. El diablo es un engañador y el padre de la mentira. Casi siempre sus ataques comienzan con la duda, la confusión y la desorientación. Jesús dijo que su engaño sería aun peor en los días postreros. Ya vemos a muchos creyentes que no saben cuál es la verdad y tienen dudas acerca de la Biblia. La creencia que prevalece en nuestra cultura es que no hay una verdad absoluta, y quienes sostienen que existe son arrogantes y su mente está cerrada. Este panorama se empeora mucho más con la inteligencia artificial.

¿Qué es la verdad?

—Yo soy el camino, la verdad y la vida —le contestó Jesús—. Nadie llega al Padre sino por mí (Juan 14:6).

La verdad es una persona: Jesucristo. Ceñirse a la verdad es vestirse con Jesús, permanecer en Él y caminar en comunión con Él. Si conoces al Dios vivo, conoces la verdad.

*Todos ustedes son hijos de Dios mediante la fe en Cristo Jesús, porque todos los que han sido bautizados en Cristo **se han revestido de Cristo*** (Gálatas 3:26-27).

Cuando te pones la armadura y te ciñes los lomos, debes pensar en tu bautismo y en cómo esa agua te cubrió. Subiste de esas aguas revestido de Cristo, de la verdad. Anda con esa conciencia todo el día.

*Y yo le pediré al Padre, y él les dará otro Consolador para que los acompañe siempre: **el Espíritu de verdad*** (Juan 14:16-17).

Tú tienes un recurso en la batalla para discernir la verdad: el Espíritu que mora dentro de ti. Si andas en el Espíritu, te guardará de mentiras y engaños. ¿Te acuerdas del segundo paso que estudiamos, de Efesios 4 y 5, y de la importancia del Espíritu? Si no has aprendido a dejarlo fluir en tu vida, será difícil saber qué es lo verdadero.

*Santifícalos en la verdad; **tu palabra es la verdad*** (Juan 17:17).

También tenemos la verdad escrita en la Biblia. Estudia la Palabra para aprender la verdad. Evalúa todo lo que escuchas a la luz de esa Palabra. No aceptes las muchas mentiras que existen en el mundo de hoy.

Sepas cómo hay que portarse en la casa de Dios, que es la iglesia del Dios viviente, **columna y fundamento de la verdad** (1 Timoteo 3:15).

Otra vez vemos la importancia de la iglesia (el primer paso). Una verdadera iglesia predica la pura Palabra de Dios y alienta a la gente a caminar en comunión con la verdad, Jesucristo.

—*Si se mantienen fieles a mis enseñanzas, serán realmente mis discípulos; y conocerán la verdad, y la verdad los hará libres* (Jesús, Juan 8:31-32).

El mundo dice que la verdad es muy rígida y aquellos que creen que hay verdad y mentira son fanáticos e intolerantes. Esa es otra mentira del diablo. Muchos también creen que se pierde la libertad al obedecer y someterse a Dios, pero Jesús dijo que la verdad te hace libre. Jesús también dijo que la única manera de conocer la verdad es poner en práctica sus enseñanzas. Hay algo que sucede en el corazón de tal persona: una revelación del altísimo y una confirmación de que, sí, es la verdad. Para ceñirse con la verdad es importante guardar las enseñanzas de Jesús.

Entonces, la verdad no es solo algo intelectual. Para ceñirse con ella se tiene que:

- Andar en unión y comunión con Jesucristo.
- Andar en la plenitud del Espíritu de verdad.
- Estudiar su Palabra y evaluar todo lo que experimentas a la luz de esa Palabra.
- Ser parte de una iglesia que enseña la Palabra (la verdad) y te impulsa a caminar en comunión con Jesús.
- Poner en práctica la Palabra de Dios.

En tu circunstancia actual, pregúntale a Dios: ¿Hay una mentira que haya aceptado? Comienza el día examinando tus pensamientos acerca de tu vida, tus problemas y Dios. Si tienes alguna duda sobre si algo es verdadero, pídele al Espíritu de verdad que te la muestre. Renuncia a toda mentira, confesando que has sido engañado por Satanás. Entonces, pregúntate: ¿qué es la verdad acerca de este problema o pecado? Estudia la Biblia para discernir la voluntad de Dios y cómo Él ve el problema. Declara tu compromiso de seguir y vivir la verdad.

La coraza de justicia

Vístete y protégete con la coraza de justicia. No es tu propia justicia, sino la justicia de Cristo. Tu justicia es como trapos de inmundicia.

Quiero encontrarme unido a Cristo. No quiero mi propia justicia que procede de la ley, sino la que se obtiene mediante la fe en Cristo, la justicia que procede de Dios, basada en la fe (Filipenses 3:9, NVI).

El diablo te condenará y te recordará que eres un pecador, y en eso él dice la verdad. Necesitas la justicia de Jesucristo. Muchos buscan una justicia que procede de la ley. Ellos intentan con todas sus fuerzas ser buenos cristianos. Son muy religiosos: no fuman, no toman y guardan una serie de reglas que alguien dijo que significan que son creyentes fieles. Pero todavía están bajo la ley. Su justicia no se basa en la fe. Tienden a ser fariseos. Para ponernos esta coraza, tenemos que confesar nuestro pecado y recibir, por fe, la justicia de Cristo. Si andas bajo la ley, tu armadura no funcionará.

El Señor lo ha visto, y le ha disgustado
*   ver que no hay justicia alguna.*
Lo ha visto, y le ha asombrado
*   ver que no hay nadie que intervenga.*
Por eso su propio brazo vendrá a salvarlos;
***   su propia justicia los sostendrá.***

Se pondrá la justicia como coraza,
*   y se cubrirá la cabeza con el casco de la salvación;*
se vestirá con ropas de venganza,
*   y se envolverá en el manto de sus celos* (Isaías 59:15-17).

¡Qué interesante que esta armadura fue profetizada en Isaías!
Cristo fue el primero en poner la justicia como una coraza. ¡La
justicia de Dios te sostendrá! Dale gracias por su gran salvación.

Nosotros que somos del día, por el contrario, estemos siempre en
nuestro sano juicio, protegidos por la coraza de la fe y del amor,
y por el casco de la esperanza de salvación (1 Tesalonicenses 5:8).

En esta variación de la armadura, aprendemos que los nombres
de las partes no son muy fijos. Tu coraza puede ser la justicia, la
fe o el amor. Los nombres solo nos ayudan a recordar todas las
partes necesarias. Como ya hemos visto, la fe es necesaria para
recibir la justicia de Cristo, y así recibirás el amor de Cristo, que
es aún más protección contra los ataques del diablo.

La integridad y la justicia son tu equipo básico. Cada vez que
peques, hay una pequeña abertura en tu armadura. Toda
oscuridad en tu vida atrae a los demonios y sus fuerzas de
oscuridad.

Para ponerse la coraza de la justicia, sigue este modelo:

- En voz alta, confiesa cualquier pecado en tu vida.
  Escudriña tu corazón. Si hay algún pecado sutil,
  nómbralo. Puede ser incredulidad, inmoralidad o codicia.
  Ponte de acuerdo con Dios en qué es pecado y
  renúncialo.

- Dile a Dios que ya no quieres ninguna parte de ese
  pecado, ya sea un pensamiento, un sentimiento o una
  acción. Hay tristeza del mundo que produce muerte.

Guárdate de ella y persigue la tristeza que es según Dios y produce arrepentimiento.

- Dile gracias porque Él es justo y correcto al juzgar el pecado. Ponte de acuerdo con Dios: es pecado y tiene que ser juzgado.

- Dile gracias porque juzgó este pecado en el Calvario y quebrantó su poder en la cruz.

- Renuncia al pecado y échalo de tu vida. Decide dejarlo. Ya no tiene poder sobre ti.

- Da gracias a Dios por la sangre de Jesús, que te limpia de todo pecado.

Éste es el mensaje que hemos oído de él y que les anunciamos: Dios es luz y en él no hay ninguna oscuridad. Si afirmamos que tenemos comunión con él, pero vivimos en la oscuridad, mentimos y no ponemos en práctica la verdad. Pero si vivimos en la luz, así como él está en la luz, tenemos comunión unos con otros, y la sangre de su Hijo Jesucristo nos limpia de todo pecado. Si afirmamos que no tenemos pecado, nos engañamos a nosotros mismos y no tenemos la verdad. Si confesamos nuestros pecados, Dios, que es fiel y justo, nos los perdonará y nos limpiará de toda maldad. Si afirmamos que no hemos pecado, lo hacemos pasar por mentiroso y su palabra no habita en nosotros (1 Juan 1:5-10).

El camino hacia la justicia de Dios comienza con la verdad. Por eso lo ponemos primero. Luego afirmamos que somos pecadores, confesamos el pecado, lo dejamos y recibimos el perdón y la justicia de Cristo. Da gracias a Dios que te ha vestido con su justicia.

22   TU ARMADURA: EL EVANGELIO DE LA PAZ

EFESIOS 6:15

Con la coraza de justicia puesta, estamos listos para los zapatos: *En consecuencia, ya que hemos sido justificados mediante la fe, tenemos paz con Dios por medio de nuestro Señor Jesucristo* (Romanos 5:1).

Esa paz con Dios, esa paz interior, sirve como protección contra los ataques del diablo. Y él huye aún más rápido cuando proclamamos el evangelio, parados sobre la roca sólida.

[15] *Y calzados los pies con el apresto del evangelio de la paz.* (RVR)

Y calzados con la disposición de proclamar el evangelio de la paz. (NVI)

Pónganse como calzado la paz que proviene de la Buena Noticia a fin de estar completamente preparados. (NTV)

Estén siempre listos para salir a anunciar el mensaje de la paz. (DHH)

La variedad de traducciones aquí indica la dificultad de entender exactamente lo que significa ser calzado con el evangelio de paz. Lo que sabemos es:

- Tiene que ver con los pies y los zapatos, para movimiento, estabilidad o protección. Pero la exhortación es estar firme; estos zapatos no significan movimiento. Tal vez Pablo estuviera pensando en las sandalias que los soldados romanos llevaban, con sus clavos, que mantenían su posición en la batalla. Siempre tienes que estar parado sobre el fundamento del evangelio.

- Esta parte, de alguna manera, nos permite estar listos en cada situación. No hay tiempo para acostarse y quitarse los zapatos. Necesitas tener siempre la disposición de vivir y proclamar el evangelio. Satanás lo odia y huye cuando lo proclamas.

- El objetivo es el evangelio, las buenas nuevas de salvación en Cristo. Satanás quiere distraernos del simple evangelio. Hay que mantener el enfoque en ello.

- El evangelio produce paz con Dios y con otras personas. Cuando hay división y discordia, casi siempre es obra del enemigo. Si no estás en paz con tu esposa u otra persona, eres mucho más vulnerable a sus ataques.

¡Qué hermosos son, sobre los montes, los pies del que trae buenas nuevas; del que proclama la paz, del que anuncia buenas noticias, del que proclama la salvación, del que dice a Sión: «Tu Dios reina»! (Isaías 52:7)

Es muy posible que Pablo estuviera pensando en este versículo cuando escribió Efesios. El que comparte las buenas nuevas tiene gozo y el favor de Dios sobre su vida. Satanás no quiere tratar con tal persona.

La batalla más común es con otras personas: tu cónyuge, tus padres o hijos, tu jefe, incluso hermanos en la iglesia. El evangelio trae paz a hogares y comunidades. ¿Eres tú un instrumento de paz en tu escuela? ¿En tu hogar? ¿En tu negocio?

La falta de perdón destruye la paz. Pregúntale a Dios si hay alguien a quien no hayas perdonado de corazón. Si lo hay, dile a Dios en voz alta que en obediencia vas a perdonarle, aun si él no lo merece. Da gracias a Dios porque Él te ha perdonado, tal como tú perdonaste a la otra persona.

¿Tienes paz? Jesús dijo: La paz os dejo; mi paz os doy. No como la da el mundo, yo la doy. No se angustien ni se acobarden (Juan 14:27). La paz es un don de Cristo; el Shalom de los judíos, un estado de bienestar total. Es una paz más profunda que la del mundo, una paz no afectada por las circunstancias. Un soldado angustiado o cobarde no puede guerrear. La paz de Cristo te protege de esa angustia y cobardía. Si aún estás perturbado, sigue este consejo de Filipenses 4:6-7: No se inquieten por nada; en cambio, en toda ocasión, presenten sus peticiones a Dios, con oración y ruego, y denle gracias. Y la paz de Dios, que sobrepasa todo entendimiento, guardará sus corazones y pensamientos en Cristo Jesús.

23 Tu armadura: El escudo de la fe

Efesios 6:16

Sobre todo, tomad el escudo de la fe, con que podáis apagar todos los dardos de fuego del maligno. (RVR)

Además de todo esto, tomen el escudo de la fe, con el cual pueden apagar todas las flechas encendidas del maligno. (NVI)

Las primeras tres partes tienen que ver con *quién eres*. Te ayudan a estar firme. Ahora, con esa firmeza, estás listo para una parte más activa en esta batalla. Las palabras "sobre todo" indican que esta es la parte más importante. Sin este escudo, todavía eres muy vulnerable y tendrás muchos altibajos. Las flechas encendidas de Satanás te alcanzarán. Muchos cristianos andan lastimados por esos dardos de fuego. Con este escudo no solamente *paras* sus dardos, sino que los *apagas*. Es muy útil.

¿Cuáles son algunas de estas flechas encendidas que te afligen?

- Dudas.
- Temores.
- Recuerdos de tus debilidades y pecados.
- Depresión y desesperanza.
- Toda clase de tentación, muchas veces sutil.

Mira otra vez la responsabilidad que tú tienes: Dios quiere entrenarte en la guerra. Él puede pelear tus batallas y algunas veces lo hace, pero también quiere que tú madures y aprendas a pelear tus propias batallas. Tú no quieres que tu hijo sea siempre un niño, ¿verdad? Puede ser chulo que un niño de seis años venga corriendo a papá para ayudarlo en una pelea, pero es muy triste si aún lo hace a los veinticinco años. Quieres que él aprenda a manejar la vida.

¿Cómo funciona este escudo?

- Tienes que estar muy vigilante. Para ser útil, debes estar alerta y ver la flecha *antes* de que llegue a tu corazón. Una vez lastimado, cuesta más tiempo sanar esa herida. Aprende a ser consciente de cómo y cuándo tu enemigo te ataca con esos dardos.

- Algunas de sus flechas más letales son lanzadas por las personas que más amas. Ellos no lo saben y no lo hacen a propósito, pero esas palabras de tu amada penetran muy adentro de tu corazón. Hay veces en que las aceptas por conformismo, dándote por vencido y meditando en ellas. No lo hagas. Por ejemplo, ella te dice: "Tú no me quieres. Yo te voy a dejar por otro hombre." En ese momento, no entres en una pelea con ella ni te defiendas. Levanta el escudo de la fe: "Yo hice votos ante Dios para amarte toda mi vida. Sé que no soy perfecto, pero Dios está transformándome. Él odia el divorcio y yo también. Dios nos ha hecho una sola carne y voy a seguir amándote, venga lo que venga."

La naturaleza de la fe

La fe no es una fuerza para conseguir lo que quieres. La fe se basa en quién es Dios y en lo que Él ha dicho en su Palabra. La fe viene por el oír y el oír por la Palabra de Dios. Si llenas tu mente con los pensamientos del mundo, tu escudo no funcionará. Medita en la Palabra y proclámala con fe.

Tener fe es tener la plena seguridad de recibir lo que se espera; es estar convencidos de la realidad de cosas que no vemos (Hebreos 11:1, DHH). Medita en Hebreos 11 para ver ejemplos de varones y mujeres de fe. Nota cuáles eran los dardos de fuego que el enemigo lanzó contra ellos y cómo los apagaron con su fe.

En Marcos 4:35, Jesús dijo a los discípulos: *"Crucemos al otro lado".* Pero en medio del mar, dardos de temor y dudas los lastimaron. Olvidaron quién estaba con ellos y lo que había dicho. Se desesperaron. Aceptaron la mentira de que Dios no los cuidaría: —¡*Maestro!* —gritaron—, *¿no te importa que nos ahoguemos?* Después de reprender a la tormenta, Jesús les dijo: —¿*Por qué están asustados? ¿Todavía no tienen fe?* No estaban usando el escudo de su fe para apagar los dardos de sus circunstancias. Andaban por vista y no por fe.

¿Tienes fe?

Si no tienes fe, vas a sufrir mucho en las batallas de esta vida. ¡Despiértate! Examínate a ti mismo para ver dónde estás lastimado por los dardos de fuego de Satanás. No hay que reprender mucho al diablo ni pelear contra él. Simplemente levanta el escudo de tu fe y apaga esos dardos antes de que alcancen tu corazón. Aprende a discernir cuáles son y cómo usar tu escudo para apagarlos. ¡Esto es mejor que un videojuego! Sobre todo, toma el escudo de la fe. Dios quiere que tú seas un varón perfecto, no un niño fluctuante.

24 Tu armadura: El yelmo de la salvación y la espada del Espíritu

Efesios 6:17

El yelmo

Y tomad el yelmo de la salvación y la espada del Espíritu, que es la palabra de Dios. (RVR)

¿**E**res salvo? ¿Estás seguro? ¿Recuerdas el estudio sobre la salvación en el capítulo 11, casi al principio de estos pasos? Si no eres salvo, tu cabeza no tiene protección. Pero si eres salvo, eres un hijo adoptado de Dios. Dios tiene vida eterna para ti. El yelmo protege tu mente de poner en duda la obra de Dios.

La palabra para salvación también puede traducirse como *liberación*. Si todavía hay fortalezas enemigas en tu vida, será muy difícil caminar en victoria. Andas en tinieblas y confusión. Cristo vino para salvarte y liberarte de toda la opresión del enemigo. El yelmo te da protección contra las mentiras y los engaños de Satanás. No hay que desesperarse. Hay esperanza de una vida mejor y liberación de la opresión.

En 1 Tesalonicenses 5:8-9 también habla de un yelmo: *Nosotros que somos del día, por el contrario, estemos siempre en nuestro sano juicio, protegidos por la coraza de la fe y del amor, y por el casco de la esperanza de salvación; pues Dios no nos destinó a sufrir el castigo sino a recibir la salvación por medio de nuestro Señor Jesucristo.* El énfasis aquí está en la *esperanza* que la salvación de Jesucristo nos da. Nos libra del temor al juicio y nos da seguridad y libertad. Satanás no puede robar tu salvación. El casco va encima de todo, casi como una sombrilla.

Apocalipsis 12:10 nos brinda una visión amplia de esta salvación.

Han llegado ya
la salvación y el poder y el reino de nuestro Dios;
  ha llegado ya la autoridad de su Cristo.
Porque ha sido expulsado
  el acusador de nuestros hermanos,
  el que los acusaba día y noche delante de nuestro Dios.

Junto con la salvación, hay poder, dominio y autoridad. Cuando recibes la salvación, entras en el reino de Dios y recibes ese poder y autoridad del Rey. Al mismo tiempo, el acusador es expulsado de tu vida. El yelmo de salvación te protege de sus acusaciones. Levántate en el poder de Cristo y toma autoridad sobre todos los pensamientos preocupantes.

Sin este casco, la alternativa obvia es la caída en el pecado o el suicidio. Cuando contemplas esas alternativas, ya sabes que estás bajo un ataque fuerte del diablo. ¡Apresúrate a tomar tu yelmo y recuerda la certeza de la salvación y la liberación en Cristo! Aun mejor, siempre llévalo para que esos pensamientos no te alcancen. Luego da gracias a Dios que envió a Jesucristo como un sacrificio eficaz por tu pecado, para perdonarte y para liberarte del reino de las tinieblas.

Tu espada

La palabra de Dios es viva y poderosa, y más cortante que cualquier espada de dos filos.
Penetra hasta lo más profundo del alma y del espíritu, hasta la médula de los

*huesos, y juzga los pensamientos y las intenciones del
corazón* (Hebreos 4:12).

La espada del Espíritu, la Palabra de Dios, es la única arma
ofensiva. Memoriza la Biblia. Estúdiala. Medita en ella.
Proclámala y obsérvala. Una Biblia en un estante no te sirve para
nada; tiene que estar en tu corazón y ser accesible para la batalla.

Aquí hay unos puntos importantes para recordar al utilizar esta
espada.

- Satanás también conoce la Palabra de Dios y la usa para
  su beneficio. La usó en las tentaciones de Jesucristo. Es
  posible que hagamos algo parecido y abusemos de la
  Palabra.

- Para ser una espada del Espíritu, tienes que interpretarla
  bien. Por eso, es importante aprender a entender la
  Biblia.

- Para que esta espada sea eficaz, debes estar lleno del
  Espíritu. No la agravies ni la apagues por tu pecado. Hay
  una unción sobrenatural en la Palabra cuando un
  creyente la proclama correctamente y con fe.

- Ésta es casi la última parte de la armadura mencionada
  aquí. Si no tienes las otras partes puestas, todavía vas a
  sufrir en la batalla. Por ejemplo, si hay pecado en tu vida
  y la coraza de justicia no está puesta, la espada no te sirve
  muy bien. Tampoco si no tienes el yelmo de salvación, si
  no eres salvo.

- He conocido a gente que usa mucho la Biblia como una
  espada, pero no camina en la luz, en el amor o en la
  verdad. Lastiman a mucha gente, pero no hacen mucho
  daño al reino de las tinieblas.

Hay mucha carencia de verdadero conocimiento de la Palabra de Dios hoy. Muchos no llevan su espada, y no quiero decir que no tengan una Biblia—la tienen en su teléfono, pero no saben lo que dice ni cómo usarla como una espada. Dios quiere enseñarte cómo usar tu espada. Es una verdadera aventura, ¡mucho mejor que los videojuegos!

Hay una sola parte más de tu armadura, que funciona como pegamento para todas las otras partes.

25   Tu armadura: La oración

Efesios 6:18

Orando en todo tiempo con toda oración y súplica en el Espíritu, y velando en ello con toda perseverancia y súplica por todos los santos. (RVR)

Oren en el Espíritu en todo momento y en toda ocasión. Manténganse alerta y sean persistentes en sus oraciones por todos los creyentes en todas partes. (NTV)

No dejen ustedes de orar: rueguen y pidan a Dios siempre, guiados por el Espíritu. Manténganse alerta, sin desanimarse, y oren por todo el pueblo santo. (DHH)

Junto a la Palabra va la oración. Las características de una oración eficaz en esta batalla son:

- **Oración continua.** Se puede racionalizar que seguramente Pablo no significa que tengas que orar constantemente, pero esa conexión constante con Dios es necesaria en esta batalla. La NTV va aún más allá cuando dice *en todo momento y toda ocasión*. Todo tiempo es, simplemente, todo tiempo.

- **Oración y súplica.** La súplica es un ruego o una petición humilde y sumisa. ¿Recuerdas la importancia de la sumisión? Impacta mucho tu oración también. Mantén esa actitud sumisa ante Dios en tu oración.

- **Ora en el Espíritu.** Guiado por el Espíritu, pero también, según lo que 1 Corintios 14 nos enseña, creo que cuando Pablo dice "en el Espíritu" significa "en lenguas". Muchas veces, en la batalla, no sé cómo orar, pero el Espíritu me ayuda y clamo a Dios en lenguas. Puedo orar en lenguas en silencio todo el día. En esta batalla, necesitas todos los recursos posibles y orar en lenguas es una gran bendición en la vida de oración.

- **Velando.** ¿Recuerdas a los discípulos de Jesucristo en la noche de su arresto? (Mateo 26:40) No pudieron velar con Jesús durante una hora. ¡Despiértate! A veces es importante abrir los ojos en oración y mirar lo que está sucediendo a tu alrededor.

- **En toda perseverancia, Jesús enseñó la importancia de la perseverancia en varias parábolas.**

  - Algunas guerras duran meses, incluso años. Es una prueba de tu fe y perseverancia. Si ya llevas años orando por la salvación de tus hijos o de tus padres, persevera. Sigue orando y confiando en el Señor.

  - He escuchado decir que solo tienes que pedir una vez en fe y luego dar gracias por la respuesta. Eso está bien, pero yo veo la importancia de perseverar, lo que significa continuar en esa oración hasta que recibas una respuesta.

- **Ora por todos los santos.** No estás solo en la batalla. Necesitas el apoyo de toda la iglesia. En este momento, puede haber alguien en guerra que va a caer si no hay nadie intercediendo por él. Comparte tus peticiones para ayudar y alentar a otros a orar por ti y para que sean obedientes a este mandato.

  - La NTV añade *en todas partes*. Ora por tus hermanos en todo el mundo. Lee en Internet sobre las necesidades en otros países e intercede por ellos también.

Cuatro veces usa la palabra "todo:"

- En *todo* tiempo.
- Con *toda* oración.
- Con *toda* perseverancia.
- Por *todos* los santos.

No puedes sobrevivir con unos diez minutos de oración en la mañana, dando gracias por la comida y clamando a Dios en emergencias. Esa es la razón por la cual muchos cristianos son derrotados por el enemigo. La oración tiene que ocupar un lugar de suma importancia en tu vida. Es tu conexión con el poder de Dios.

26   La Petición de un Varón Maduro

Efesios 6:19-20

Hemos llegado al final de estos cuatro pasos al varón perfecto. ¡No te desanimes si aún no estás perfecto! Es un proceso largo: ¡de toda la vida! Pero yo creo que hay principios muy importantes aquí. Si te cuesta años establecerte en una iglesia y cumplir ese primer paso, vale la pena. A veces se tiene que volver una y otra vez a los mismos pasos. Lamentablemente, no es cierto que una vez que hayas cumplido un paso, ya, nunca tienes que hacer nada más. Examínate con frecuencia para ver cómo te va en cada paso.

Estos dos versículos revelan el corazón de un hombre bastante maduro. Pablo no diría que es perfecto. Él siempre reconocía que estaba de camino para el cielo y que nunca se alcanza la perfección total en esta vida. Sin embargo, es interesante ver lo que tenía en su corazón en este punto de su vida.

19 Y [oren] por mí, a fin de que al abrir mi boca me sea dada palabra para dar a conocer con denuedo el misterio del evangelio. (RVR)

Y oren también por mí. Pídanle a Dios que me dé las palabras adecuadas para poder explicar con valor su misterioso plan: que la Buena Noticia es para judíos y gentiles por igual. (NTV)

La importancia de orar por otros

Pablo sabía que él necesitaba las oraciones de otros. No fue por su propio talento que pudo predicar. Él dependía de las oraciones de la iglesia para recibir una palabra dada por el Señor. Con todas esas oraciones, él tendría más unción cuando predica el mensaje.

No estás solo en esta lucha. Eres parte de un gran ejército. Nuestro deber es apoyarnos mutuamente en la oración. ¿Estás orando por tu pastor y otros ministros de la Palabra? Necesitan tus oraciones. Si tú eres un pastor o ministro, humíllate para pedir las oraciones de otros y déjales saber que sin la ayuda de Dios no serías nada.

No hagas un ídolo de ningún predicador o pastor. Son hombres como tú y como yo, con sus debilidades y necesidades. Dependen de la gracia de Dios.

El mensaje

Vemos algunas cosas importantes en lo que Pablo está pidiendo:

- Primero tienes que abrir la boca. Es cierto que a veces tienes que esperar una palabra del Señor, pero también hay veces en que debes abrir tu boca con fe, y Dios la llenará.

- Claro que hay algunos que deben cerrar la boca. Hablan demasiado, y en la carne. El varón maduro sabe cuándo debe hablar y cuándo debe callarse.

- Cuando hablas, habla una palabra dada por el Señor. Qué lástima que muchos predicadores proclamen palabras dadas por Internet o palabras que provienen de su propia mente.

- Puede que no sea popular. Está bien. No es tu palabra, sino la Palabra de Dios. Sabiendo que es del Señor, debe darte mucho denuedo para proclamarla, pero aun el gran apóstol Pablo tenía que pedir oración para hablar con denuedo. Esa unción es un don de Dios.

- El enfoque de tus mensajes debe ser la Biblia, el evangelio. Explícalo. Hay muchos que no lo entienden. Para algunos, es un misterio. No se puede comprender humanamente, pero Dios quiere revelarlo a aquellos que tienen los oídos para escuchar.

- El mensaje es inclusivo. Pablo batalló toda su vida por la inclusión de los gentiles en la iglesia. El reino de Dios es para todos los que aceptan el evangelio.

[20] *Soy embajador en cadenas [por el evangelio]; que con denuedo hable de él, como debo hablar.* (RVR)

Ahora estoy encadenado, pero sigo predicando este mensaje como embajador de Dios. Así que pidan en oración que yo siga hablando de él con valentía, como debo hacerlo. (NTV)

¿Crees que tu circunstancia es difícil? Pablo estaba en cadenas, aprisionado, pero todavía quería hablar de Jesús con denuedo. ¡Dos veces pidió denuedo! ¡Era ese mismo denuedo el que lo llevó a la cárcel! Sería una tentación guardar silencio, pero el varón perfecto entra en la batalla en el Nombre de su Señor y está listo para entregar su vida por el evangelio. ¿Estás hablando de Jesús con denuedo en tu hogar, tu trabajo o tu escuela? No importa tu circunstancia. ¡Sigue hablando de Cristo con valentía!

Pablo tenía una autoimagen muy alta. ¡Era un embajador de Cristo! ¡Y tú lo eres también! (2 Corintios 5:20) ¿Andas todos los días con esa conciencia? ¿Te comportas de una manera digna de un embajador del Rey de reyes? Al terminar su estudio de estos pasos hacia la madurez, Pablo afirma su dedicación a su llamado como representante de Jesucristo en este mundo. ¿Cuál es tu llamado? ¿Estás ocupado en servir a Dios, a pesar de las circunstancias en tu vida?

27 A FIN DE CUENTAS, LO MÁS IMPORTANTE ES EL AMOR

EFESIOS 6:21-24

Las últimas palabras de Pablo en esta carta, sus saludos, revelan lo que perdura:

- Las personas.
- La relación con otros hermanos.
- Amor – para Dios y para otros.
- Un verdadero interés en ellos.
- Y haciendo todo lo posible para mantener esas relaciones.

21 Nuestro querido hermano Tíquico, fiel servidor en el Señor, les contará todo, para que también ustedes sepan cómo me va y qué estoy haciendo. 22 Lo envío a ustedes precisamente para que sepan cómo estamos y para que cobren ánimo.

Pablo quiere que ellos sepan su condición. Estaba miles de años antes de las maravillas de Facebook, WhatsApp o el teléfono. Tenían que depender de visitas personales o cartas que tardaron meses en llegar. ¡Qué bendición recibir una visita, con noticias de hermanos amados! ¿Mantienes esa comunicación con otros hermanos alrededor del mundo? ¿Te interesa lo que está pasando con ellos? ¿O estás tan ocupado con tu propia vida que no te importa?

Hay una tentación: blanquear lo que compartimos e incluir solo las bendiciones y victorias. Pero Tíquico les contaría *todo*. Nos alienta y nos consuela recibir noticias de otros hermanos, escuchando testimonios de la grandeza y la gracia de Dios en sus vidas. ¿Puedes bendecir a otros con noticias de lo que Dios ha hecho en ti o en la iglesia?

¿Has oído hablar de Tíquico? Su nombre significa *casualidad* o *afortunado*. En algunas historias de la iglesia primitiva, está nombrado entre 70 apóstoles. Aparece varias veces en el Nuevo Testamento:

- *Varios hombres viajaban con [Pablo]. Sus nombres eran Sópater, hijo de Pirro, de Berea; Aristarco y Segundo, de Tesalónica; Gayo, de Derbe; Timoteo; también Tíquico y íTrófimo, de la provincia de Asia* (Hechos 20:4). Tíquico estaba con Pablo en su viaje a Grecia y Macedonia y luego de regreso a Jerusalén. Probablemente volvió a su casa en Asia, posiblemente en Éfeso.

- *Tíquico les contará con detalles cómo me va. Él es un amado hermano y un fiel colaborador que sirve conmigo en la obra del Señor* (Colosenses 4:7). Tíquico no fue solamente a Éfeso, sino también a Colosas, posiblemente en la misma gira. Así como Pablo era un embajador de Cristo, Tíquico era un embajador de Pablo (y también de Cristo).

- *Sólo Lucas está conmigo. Trae a Marcos contigo cuando vengas, porque me será de ayuda en mi ministerio. A Tíquico lo envié a Éfeso* (2 Timoteo 4:11-12). En su carta a Timoteo, nos enteramos de que Pablo ya envió a Tíquico a Éfeso. Estaba con Pablo en Roma. ¡Viajaba mucho!

- *Tengo pensado enviarte a Artemas o a Tíquico. Tan pronto como uno de ellos llegue, haz todo lo posible para encontrarte conmigo en Nicópolis, porque he decidido pasar allí el invierno* (Tito 3:12). Otra vez vemos que Pablo confía mucho en Tíquico para realizar la obra.

¡Qué bendición tener a alguien como Tíquico! ¿Puedes ser un Tíquico para algún Pablo? ¿Hay alguien confiable que te ayude como Tíquico ayudó a Pablo?

23 *Que Dios el Padre y el Señor Jesucristo les concedan paz, amor y fe a los hermanos.* **24** *La gracia sea con todos los que aman a nuestro Señor Jesucristo con amor imperecedero.*

Aquí, Pablo pone una condición a la gracia de Dios: es para aquellos que aman a Jesús con un amor inalterable. ¿Tienes ese amor por Cristo?

Juntas, estas dos personas de la Trinidad, el Padre y el Hijo, nos conceden paz, amor y fe. ¿A ti te falta uno o más de ellos? Dios sabe que no los tenemos naturalmente, pero Él está dispuesto a concedernos lo que nos falta.

Estos versos están llenos del amor de Dios:

- El amor entre hermanos.
- El amor de un siervo para ministrar al gran apóstol Pablo.
- El amor de Pablo por Tíquico y la iglesia en Éfeso.
- Nuestro amor por Dios.
- Y el amor de Dios derramado en nuestros corazones.

¿Conoces ese amor? Como vamos a ver en Apocalipsis, ¡ese amor es muy importante!

Volver a la historia de la iglesia en Éfeso:

Un fracaso

28 LOS EFESIOS DEJARON SU PRIMER AMOR

APOCALIPSIS 2:1–7

Lamentablemente, terminamos este estudio de los cuatro pasos al varón perfecto con una advertencia: Los efesios olvidaron lo más importante. Igual a muchos de nosotros, hicieron todo conforme a las reglas. Ganaron muchas batallas. Pero perdieron la guerra.

En su carta a los corintios, Pablo dijo que puedes hacer muchos milagros y aun entregar tu vida, pero si no tienes amor, no vale nada. En medio de todos sus cultos y actividades, los efesios dejaron su primer amor.

Escribe al ángel de la iglesia en Éfeso: El que tiene las siete estrellas en su diestra, el que anda en medio de los siete candeleros de oro, dice esto: Yo conozco tus obras, y tu arduo trabajo y paciencia; y que no puedes soportar a los malos, y has probado a los que se dicen ser apóstoles, y no lo son, y los has hallado mentirosos; y has sufrido, y has tenido paciencia, y has trabajado arduamente por amor de mi nombre, y no has desmayado. Pero tengo contra ti, que has dejado tu primer amor. Recuerda, por tanto, de dónde has caído, y arrepiéntete, y haz las primeras obras; pues si no, vendré pronto a ti, y quitaré tu candelero de su lugar, si no te hubieres arrepentido. Pero tienes esto, que aborreces las obras de los nicolaítas, las cuales yo también aborrezco. El que tiene oído, oiga lo que el Espíritu dice a las iglesias. Al que venciere, le daré a comer del árbol de la vida, el cual está en medio del paraíso de Dios (Apocalipsis 2:1-7, RVR).

Sí, gracias a Dios, perseveraron en su fe. A finales del primer siglo, era una iglesia grande y muy activa. Era conocida por sus muchas buenas obras. Trabajaban arduamente, por amor al nombre de Jesús. Aún tenían frutos del Espíritu, como la paciencia. No se habían desmayado. No podían soportar a los malos. Probaban a los líderes de la iglesia. Había algunos que decían que eran apóstoles, tal como hoy en día hay muchos que afirman ser apóstoles. Hay que examinarlos, porque muchos no lo son. Estos eran mentirosos.

Aborrecían las obras de los nicolaítas. Nota que no dice que aborrecen a *ellos*, sino sus *obras*. Hay que aborrecer esas cosas que Dios aborrece, pero aun así amar a la persona. Los nicolaitas tomaban el pecado a la ligera y permitían el pecado sexual. Para Dios, el pecado es algo muy serio. Es bueno aborrecerlo.

Sí, parece una iglesia ejemplar, pero hay un gran problema en esta iglesia: han dejado su primer amor. Estaban en un lugar exaltado, de mucha bendición, pero se han caído, sin darse cuenta de lo que estaba pasando. Tienen que arrepentirse, porque es un pecado dejar tu amor por Dios. Todo lo demás realmente no importa. El primer mandamiento es amar a Dios. Estaban tan ocupados en el ministerio, aun luchando contra el diablo, que han olvidado esa relación íntima con Jesucristo. Tienen que volver a sus primeras obras.

Si no se arrepienten, pueden perder su candelero. Es decir, que ya no sean una verdadera iglesia a los ojos de Dios. Hay muchas iglesias como Éfeso que tienen muchos programas, buena música y templos hermosos, pero no hay vida. El Espíritu de Dios no está presente. Han perdido su candelero porque han dejado su primer amor o han permitido algún pecado. Es una iglesia muerta. No es una cuestión de perder la salvación, sino de perder el poder y la presencia de Jesucristo.

Ya sea que lo reconozcas o no, hay una guerra contra ti y tu iglesia. Satanás quiere destruirte y quiere destruir tu familia y tu iglesia. Hemos estudiado cuatro pasos muy importantes para el varón perfecto. Es muy importante participar en una iglesia sana, caminar en santidad y entregar tu vida por tu familia. Más que nunca necesitas toda la armadura del Espíritu, utilizando la espada de Dios y el escudo de la fe. Muchos andan heridos por los dardos de fuego del enemigo. Hay que proclamar tu fe y la Palabra de Dios. Pero sobre todo, el primer mandamiento es amar a Dios con todas tus fuerzas y mantener esa relación con Dios. ¿Cómo es tu amor? ¿Estás en peligro de perder tu candelero?

EL PRÓXIMO PASO

Creo que está muy claro de este estudio que Dios nos diseñó para vivir en comunidad. Para llegar al varón perfecto, tú necesitas a tus hermanos. Es obvio que este libro no es para todos los hombres—por desgracia, hay muchos que no quieren hacer el duro trabajo para alcanzar la madurez. Prefieren seguir con su rutina, sus juegos, sus deportes y su vida cómoda. Pero hay algunos que anhelan más; algunos hombres hambrientos de alimento sólido de la Palabra. Son esos hombres que yo creo que Dios quiere reunir para tomar estos pasos juntos.

Hombres de los cuatro pasos

Yo sé que es más fácil esperar a que otro hombre tome la iniciativa, pero tú puedes ser el instrumento que Dios quiere usar para transformar tu familia, tu iglesia y tu comunidad. ¿Cómo empiezas?

1. Ora al Señor para que Él te muestre y te lleve a los hombres que están hambrientos y listos para recibir esta enseñanza.
2. Presta este libro o compra otro y regálalo. (Si compraste este libro impreso de Amazon, puedes conseguir una copia digital libre de costo.) Es posible que ya tengas un grupo de varones en tu iglesia o los ancianos de la iglesia o tus propios hijos.
3. Hagan un pacto (vea abajo) para reunirse:
   a. Comparte sus logros y fracasos.
   b. Ora unos por los otros.
   c. Habla acerca de cómo poner en práctica estos pasos.
   d. La confidencialidad y honestidad son muy importantes en estas reuniones.

4. Estudien juntos este libro, u otros libros que yo he escrito, o las enseñanzas de mi blog (UnPadreEspiritual.com), o la Biblia.

Es difícil tener la oportunidad de compartir con más de unos 8 hombres. Si crece más, puedes dividir el grupo. En algunos casos, Dios puede guiar a ustedes a plantar una nueva iglesia conforme a estos principios.

¿Y las mujeres?

No soy sexista, pero creo que es importante que los hombres tomen la iniciativa para poner estos pasos en práctica. Tu esposa puede estar escéptica al ver este libro y hacer comentarios: "¿Tú? ¿Un varón perfecto?" En algunos casos puedes compartir con ella lo que estás aprendiendo, pero a veces no. Claro que la Biblia se aplica a las mujeres también y Dios quiere que ellas alcancen la madurez. Hay pasos muy parecidos para ellas, pero:

- Su experiencia en la iglesia será diferente.
- Sus luchas serán diferentes; probablemente no incluirán el sexo y el enojo.
- Su papel en la familia será diferente.
- Ella también está en una batalla espiritual, pero la estrategia del diablo con las mujeres es diferente.

Puede ser interesante hablar con ella acerca de cuáles serían los pasos para ella.

"Pero yo no soy pastor, no tengo ninguna preparación para dirigir un grupo..."

¡No importa! Ésta es la Palabra de Dios y seguramente Dios hará su parte para ayudarte a ponerla en práctica. Más que nadie, ¡es Dios quien quiere que tú llegues a ser un varón perfecto!

Escríbeme y comparte tus experiencias con estos pasos y tu grupo (Loren@UnPadreEspiritual.com).

Pacto

Todos los miembros de tu grupo deben firmar este pacto, y luego quitarlo del libro para guardarlo en sus Biblias:

Hacemos un pacto de hermanos en Jesucristo, de andar juntos y perseguir estos cuatro pasos, con la ayuda de Dios. Me comprometo a orar y apoyar a mis hermanos y ser honesto con ellos.

_____

Firma   Fecha

Los demás hermanos en el grupo también pueden firmar, aquí:

www.ingramcontent.com/pod-product-compliance
Lightning Source LLC
Chambersburg PA
CBHW060236050426
42448CB00009B/1470